SHODENSHA
SHINSHO

天下人の軍事革新

本郷和人

祥伝社新書

はじめに

戦国武将を中心に一九二人の言行をまとめた『名将言行録《めいしょうげんこうろく》』（岡谷繁実《おかのやしげざね》著）のなかに、豊臣秀吉《とよとみひでよし》が語った織田信長《おだのぶなが》と蒲生氏郷《がもううじさと》、二人の傑物についての話があります。

「信長様の五〇〇〇と蒲生氏郷の一〇万が戦うと、勝利するのは信長様である。というのは、蒲生勢が織田勢四〇〇〇人を討ち取っても信長様は必ず脱出している。いっぽうで織田勢が蒲生兵を五人も討ち取れば、その五つの首のなかの一つは、必ず氏郷のものだからである」。

この話は人名を替えて（信長→主人公エウメネス、氏郷→アレクサンドロス、秀吉→フィリッポス二世）、岩明均《いわあきひとし》先生の名作マンガ『ヒストリエ』（講談社）に用いられていました。

『名将言行録』ですから史実ではないでしょうが、蒲生氏郷というと率先垂範《そっせんすいはん》、勇気をもって陣頭に立つイメージがあり、こういう話ができあがったのかもしれません。家臣思いの彼は自ら風呂を焚《た》いて家来をもてなす人物だったと言われますが、新規召《め》し抱えの侍には、次のように言って励《はげ》ましたそうです。

「当家には銀の鯰尾《なまずお》の兜《かぶと》をかぶった侍がいて、よく働く。そなたもその侍に負けぬよう、励むとよい」。その侍が戦場で注目していると、確かに銀の鯰尾兜の男が戦場を駆け回っている。そこで目を凝《こ》らして見てみると、何とそれは氏郷自身であったそうです（これまた『名将言行録』）。

氏郷が使用していた銀の鯰尾兜は残念ながら、伝わっていません。鯰尾兜というと、前《まえ》田利家《だとしいえ》・利長《としなが》親子が使ったものが、今でも大切に保管されています。利長と氏郷は共に信長の娘を妻とした義兄弟ですし、前田父子と氏郷はお茶を通じて親しく交《まじ》わっていたようですから、鯰尾兜も前田家からのプレゼントかもしれません。

それはさて措《お》き、銀色に輝く鯰尾兜などをかぶって真っ先に進むと、敵の恰好《かっこう》の標的になってしまいそうです。しかし秀吉の九州攻めに際しては、氏郷が鯰尾兜をかぶって突進し、堅城で知られる岩石城《がんじやく》（現・福岡県田川《たがわ》郡添田《そえだ》町）を落としています。これが秀吉勢に景気をつけるための最初の戦果だったそうですので、氏郷はいわばTPOを弁《わきま》え、味方を鼓舞するためにリスクを取りながら「前に出た」のかもしれません。

ゲームや小説で有名な『三国志《さんごくし》』、ここでは呂布《りよふ》や関羽《かんう》といった豪傑が一騎駆けを行なっていました。関羽は袁紹《えんしょう》軍の勇将・顔良《がんりょう》を討ち取ったと正史にありますので、本当に将軍みずから青竜刀《せいりゅうとう》を振り回すような戦い方がなされていたのでしょう。おそらく、味方の士気を上げるためだったと考えられます。

日本でも源平《げんぺい》の戦いにおいては、武士たちは技能を駆使しての一騎打ちを行なっていました。これは、集団戦が取り入れられていない時代の戦い方です。ところが戦国時代、織豊政権期になると、蒲生氏郷の戦い方はヘタをすると蛮勇、匹夫《ひっぷ》の勇《ゆう》との評価となる可能性が出てきました。これは時代が移り、戦い方が変化したために、評価も変わったということでしょう。

元寇《げんこう》（一二七四年の文永《ぶんえい》の役《えき》と一二八一年の弘安《こうあん》の役。序章で触れます）が直接の契機かどうかは慎重に検討する必要がありますが、鎌倉後期から南北朝時代にかけて戦法が変わり、集団戦が主流になったことは確かです。より多くの兵を、戦場に連れてくることに成功した側が勝利する。そうした軍事の革新が起きたのですが、それを可能にしたのは農民を拘束する、武士権力の強化でした。つまり、軍事革新は政治マターだったのです。

また、兵が夜陰に乗じて逃げ出さないように、しっかりご飯を食べさせる。これは経済の話になります。軍事行動は当然の話ですが、政治や経済と密接な連関を持っていました。すぐれた軍事指導者は能力のある政治家、経済人でなければならなかったのです。

本書はこうした観点を大切にし、大軍を率いて覇《は》を唱えた天下人、織田信長、豊臣秀吉、徳川家康《とくがわいえやす》がいかに軍事革新を成し遂げたかを、広い視野に立って明らかにするものです。織田信長の全戦歴、戦国時代の最強武将は誰か、軍師はいかに作戦指揮をしたか、などの「面白い読み物」とはやや異なるテイストになっていますが、読者に新しい「なるほど！」を提供できたら、うれしく思います。

本郷和人

二〇二三年三月

目次

第一部　織田信長——戦国時代に革命をもたらした発想と行動

第二部 豊臣秀吉——史上初の兵站システム、桁違いの規模とスピード

第三部　徳川家康——戦わずして敵を屈服させる、最大の軍事革新

終章 なぜ天下を取れたのか

序章

戦国時代の真実

軍事力とは経済力

室町時代（一三三六〜一五七三年）の晩期、幕府の権威と伝統の秩序が崩壊し、実力主義、自由競争、そして下剋上《げこくじょう》の社会が出現しました。いわゆる戦国時代です。

時代の転換という大波の波頭をつかんだのが織田信長（一五三四〜一五八二年）であり、それに続く波にうまく乗ったのが、豊臣秀吉（一五三七〜一五九八年）と徳川家康（一五四二〜一六一六年）でした。三人とも「軍事力＝経済力」を支配原理にし、迅速果敢な行動力で「天下人《てんかびと》」となりました。強大な軍事力を持つには、しっかりした財政基盤が絶対条件で、軍事力の争いは経済力の争いでもあることが、三人にはよくわかっていたのです。信長も秀吉も家康も、富国強兵策を展開しています。

一八歳で家督を相続した信長は、父の信秀《のぶひで》が押さえていた津島湊《つしまみなと》（現・愛知県津島《つしま》市）と熱田《あつた》湊（現・愛知県名古屋《なごや》市）の権益を受け継ぎます。両湊は、伊勢《いせ》湾流通の拠点ですが、信長は出入りする船に税をかけ、商人からは営業免許の代償として金銭を徴収していました。特に、木曽川《きそがわ》の支流の天王川《てんのうがわ》上流に開港された津島は商都として繁盛し、「信長の台所」と称され、信長への経済支援を惜《お》しみませんでした。

信長は楽市《らくいち》・楽座《らくざ》（第一部で詳述）で規制緩和を行ない、経済の活性化をはかるだけでなく、南蛮《なんばん》貿易も始めています。このように、信長は商工業を重視して確かな財政基盤を築き、保ちました。

いっぽう秀吉は、天下を取るまでどのように財政を賄《まかな》っていたか、その詳細は明らかではありません。しかし、備中高松城《びっちゅうたかまつ》（現・岡山市）の水攻め（第二部で詳述）では大がかりな土木工事を行なっていますから、相当な経済力を持っていたでしょう。

天下人となってからは、経済・交通の要衝、主要都市、鉱山などを太閤蔵入地《たいこうくらいりち》（直轄領）に設定しています。鉱山は佐渡《さど》金山（現・新潟県佐渡島《さどがしま》）、生野《いくの》銀山（現・兵庫県朝来《あさご》市）、石見《いわみ》銀山（現・島根県大田《おおた》市）などです。南蛮貿易も盛んに行なっています。これらにより巨万の富《とみ》を築きました。

対して、家康の経済力は利殖に負うところが大きかったように思います。家康は一五九〇（天正《てんしょう》一八）年、秀吉に関東へ転封《てんぽう》（国替《くにがえ》）されましたが、石高《こくだか》は約一三〇万石から二五〇万石に加増されています。また、一六〇〇（慶長《けいちょう》五）年の関《せき》ヶ原《はら》の戦い（現・岐阜県不破《ふわ》郡関ヶ原町）後は、直轄地を増やしています。そして新田を開墾して実収を上げ、領国経営を盤石《ばんじやく》なものにしていきました。さらには、各地の金山・銀山を徳川家のものにしただけでなく、東南アジアにも船を出して貿易を盛んに行ないました。

結果的に、家康は信長・秀吉を凌《しの》ぐ資産家になったと言われています。経済力＝軍事力であり、圧倒的な経済力の前では、誰も反旗を翻《ひるがえ》すことはできません。こうして、二六〇年間にわたる徳川政権安泰の基礎を築いたのです。

合戦を変えた鉄砲と足軽

戦国時代はなぜ到来して、一〇〇年も続いたのでしょうか。その背景と要因を見ていきましょう。

第一に押さえておきたいのが、室町幕府の権力が、第三代将軍・足利義満《あしかがよしみつ》の時代ですら不安定だったことです。有力守護大名《しゅごだいみょう》の細川《ほそかわ》氏と山名《やまな》氏が派閥をつくり、幕府の主導権をめぐって抗争を続けていたのです。

応仁《おうにん》の乱（一四六七〜一四七七年）が、その決着をつける最終戦でした。幕府の将軍後継争いと、細川グループと山名グループの権力闘争などが絡《から》んで起こった戦乱です。東軍

（細川方）と西軍（山名方）に分かれ、京都を舞台にしてそれぞれが陣を張り、両軍合わせて三〇万弱の兵士が集結したと言われています。結局、一一年間にわたる大乱は、東軍の勝利で幕を閉じました。幕府の権力は揺らぎ、有名無実化していきます。とはいえ、かろうじて中央政権としての面目は保たれていました。

従来、応仁の乱が戦国時代の始まりとされていましたが、近年では明応《めいおう》の政変（一四九三年）とするのが、有力な説となっています。明応の政変とは、管領《かんれい》（将軍を補佐して政務を統括する役職。「三管領《さんかんれい》」と呼ばれ、細川氏、斯波《しば》氏、畠山《はたけやま》氏が就任した）の細川政元《まさもと》が第一〇代将軍・足利義材《よしき》（のちの義稙《よしたね》）を廃し、義高《よしたか》（のちの義澄《よしずみ》）を第一一代将軍に擁立したクーデターです。

これを機に、足利家が義稙系と義澄系に分裂。将軍の権威と権力は完全に失墜し、中央政権としての機能が決定的に失われてしまいました。貴種《きしゅ》（高貴な家柄に属していた人）や家格、伝統の価値が破壊され、足利政権が事実上の終焉を迎えたのです。そして、群雄割拠の乱世、戦国時代へと移りました。

第二に、戦国時代に入って日本の経済が著《いちじる》しく成長し、また技術の進歩があったことです。鉄製農具の普及によって耕作法が改良され、全国の農業生産力は飛躍的に発展しました。農業生産の向上によって、戦国大名《せんごくだいみょう》は大勢の兵士に飯《めし》を食べさせられることができるようになり、大軍を擁《よう》して軍勢を動かしたり、長期に戦ったりすることが可能になりました。

土木や治水《ちすい》・利水《りすい》の技術も進歩し、前述の豊臣秀吉の水攻めなど、奇想天外な戦法を生み出します。また、新しい精錬技術が輸入され、各地で金山・銀山が開発されたことにより、金・銀・銅・鉄の生産量が増えます。金・銀の増産は貨幣経済を盛んにして、戦国大名を富《と》ませ、鉄鋼生産力と進歩した工業技術は、鉄砲（火縄銃）の生産を増大させました。

第三は、中央とは関係なく在地に根を下ろし、その地を実質的支配していた在地領主（国人《こくじん》）や土豪《どごう》の台頭です。在地支配をおろそかにしていた守護大名に代わって、彼らは力を蓄《たくわ》えていきました。その結果、下剋上の機運が高まり、自分の実力で領国を支配する戦国大名の誕生を促《うなが》したのです。

第四は、戦国大名がさらに力をつけ、それ以前の時代と比べて合戦の規模が大きくなり、戦い方が変わってきたことです。大軍どうしの対決が、日本各地で繰り広げられました。大軍と大軍の戦いでは、組織的に戦う集団戦法が主流になりました。特に、火縄銃の普及と共に、足軽《あしがる》が戦場の第一線で活躍するようになったことは、戦法の大きな変化です。

足軽は、武士団における最下級兵です。その多くは農民で、もともとは戦場での下働き作業員であり、戦場に出ることはほとんどありませんでした。やがて、乱暴狼藉を働く「ならず者」化した足軽の集団が現れます。応仁の乱では、その集団によって京都が焼け野原になってしまったのです。その後、足軽は戦国武将によって戦闘員として訓練され、実力戦闘部隊になっていきます。

武士以外の戦闘員、大軍による集団戦、鉄砲という大量殺戮《さつりく》武器、これらの登場により軍事の在り方が変わった時代、それこそが戦国時代だったのです。

史料は信用できない⁉

応仁の乱以前の合戦規模はどれほどのものだったのでしょうか。

私たちは映画、テレビドラマ、小説で平安・鎌倉時代の歴史的な合戦の数々を壮大なスペクタル、英雄の劇的人生ドラマとして堪能しています。見どころは大戦《おおいくさ》仕立てのシーンでしょう。名だたる合戦は、史料をもとに大量の兵士が動員された戦いとして描かれていますが、正確に言えば、大軍どうしの激突戦が出現したのは戦国時代になってからです。具体的に見てみましょう。

古代史上最大の内乱・壬申《じんしん》の乱（六七二年）は、天智《てんじ》天皇の弟・大海人《おおあま》皇子と長子・大《おお》友《とも》皇子が皇位継承をめぐって戦った、一カ月におよぶ合戦です。壬申とは干支《かんし》の一つです。大海人皇子が勝利して即位し、天武《てんむ》天皇となりました。『日本書紀《にほんしょき》』には、両軍とも二～三万の軍勢で弓兵や弓射騎兵《きゅうしゃ》が活躍したと具体的に記述されています。しかし、そのような大量動員および集団戦が本当に展開されたのでしょうか。

今日の史家は乏《とぼ》しい史料を手がかりに、大海人皇子軍に兵を供給したとされる、尾張国《おわり》（現・愛知県西部）のいくつかの里の戸数と兵士数から、大海人軍の軍勢が一〇分の一の二六〇〇人ほどではないかと、推論しています。

源《みなもとの》頼朝《よりとも》ら源氏《げんじ》軍と平《たいらの》維盛《これもり》（清盛《きよもり》の孫）率いる平氏軍がぶつかった富士川《ふじがわ》の戦い（一一八〇年）では、『平家物語《へいけものがたり》』では平氏《へいし》軍七万あまりと書かれています。しかし、ある貴族の日記には、軍勢は「四〇〇〇〇人」で「見たこともない大軍」と記されています。その四〇〇〇〇人も、富士川（現・静岡県富士《ふじ》市ほか）に到達するまでに兵糧《ひょうろう》（食糧）が尽き始め、飯食いたさに逃げ出す始末でした。そして、富士川で飛び立った水鳥の羽音を大軍の来襲と誤認した平氏軍が総崩《そうくず》れして潰走《かいそう》し、勝負が決着しました。

その後、頼朝は鎌倉に幕府を開くわけですが、頼朝の死後となる一二二一（承久《じょうきゅう》三）年、後鳥羽《ごとば》上皇が執権の北条義時《ほうじょうよしとき》に対して討伐の兵を挙げます。いわゆる承久の乱です。結果は、後鳥羽上皇側の敗北。鎌倉幕府編纂の歴史書『吾妻鏡《あずまかがみ》』には、幕府軍一九万と記されていますが、本当でしょうか。

『吾妻鏡』には、次のようにあります。――京都を制圧した幕府軍の総大将・北条泰時《やすとき》（義時の長男）に、後鳥羽上皇から院宣《いんぜん》が下された。泰時が、背後に控える五〇〇〇の家臣に「読める者はいないか」と尋ねると、一人の者が召し出されて「『乱暴しないでくれ』と書かれています」と報告した――。

私は、このくだりをもとに泰時の軍勢を五〇〇〇と仮定しました。幕府軍は、泰時が率いて東海道《とうかいどう》から進軍した部隊、武田信光《たけだのぶみつ》らの東山道《とうさんどう》進軍部隊、北条朝時《ともとき》らの北陸道《ほくりくどう》進軍部隊が合流して、瀬田《せた》・宇治《うじ》に侵攻しました。泰時隊以外の二つの部隊は、多くても泰時隊と同じ五〇〇〇と推定します。となると、幕府軍全体で一万五〇〇〇人程度でしょう。また、史料によると、朝廷軍は二七〇〇の兵で京都守護の伊賀光季《いがみつすえ》を襲い、自害に追い込んだとあります。ここから、朝廷軍を二七〇〇だとすれば、一万五〇〇〇対二七〇〇、これが承久の乱の実際の規模になります。

軍記物語『太平記《たいへいき》』にも、軍勢の誇張が見られます。楠木正成《くすのきまさしげ》がかかわった二つの戦いを見てみましょう。後醍醐《ごだいご》天皇の倒幕運動に加担した正成と鎌倉幕府軍との間で起きた千早《ちはや》城の戦い(一三三三年)は、『太平記』には幕府軍一〇〇万が千早城(現・大阪府南《みなみ》河内《かわち》郡)を包囲し、籠城する正成軍はわずか一〇〇〇人足らずだったと記しています。

湊川《みなとがわ》の戦い(一三三六年)は、まさに正成の大活劇です。九州から東上してきた足利尊《たか》氏《うじ》・直義《ただよし》兄弟らの軍を、後醍醐天皇方の新田義貞《にったよしさだ》・正成の連合軍が湊川(現・兵庫県神戸《こうべ》市)で迎え撃ちました。『太平記』は、足利軍五〇万、正成軍七〇〇としています。一六度の死闘を繰り広げ、正成軍は残兵七三となり、正成は自刃しました。ヒーローとして、楠木正成の活躍を際立《きわだ》たせたいという『太平記』作者の気持ちはわからないでもないですが、このあまりにも著しい軍勢の差はとても信用できません。

なお、応仁の乱も軍勢に誇張があると主張する研究者が少なくありません。もちろん、私もその一人です。

西軍が陣取ったのは、現在の京都市内の西陣《にしじん》あたりで、東軍の陣は地名として残っていません。今日のその地は、とても前述の三〇万弱の兵士が長期滞在できる面積ではありません。そもそも、その数の兵士に食べさせるだけの兵糧が調達できるのか、という問題もあります。一一年にもわたって戦闘が続いていたにもかかわらず、有力な武将は誰一人として討ち死にしていません。真面目《まじめ》に戦っていたとはとても思えません。ただ残念ながら、史料が少なく、軍勢の実数は推測できません。

兵力一〇倍の常識

このように、確かな史料であっても軍勢の数は誇張、というより嘘が書かれています。しかし、これは暗黙の了解になっていたようで、私はそこには中国史の影響があると考えています。

後漢《ごかん》の末期である二〇八年、長江《ちょうこう》の赤壁《せきへき》で起こった曹操《そうそう》軍と孫権《そんけん》・劉備《りゅうび》連合軍の戦い（赤壁の戦い）では曹操が八三万の軍勢を動員した、と正史『三国志』に書かれています。ある中国史学者の方に、その軍勢の数字が真実であるかどうか伺ったところ、「そこは正史であっても、嘘をつくのです」と答えられました。いわゆる「白髪三千丈《はくはつさんぜんじょう》」の世界で、実数の一〇倍が共通認識なのだそうです。

日本の合戦の史料も、前述しているように軍勢が実数の一〇倍という記載が散見されます。古代から、日本の教養人は『三国志』『漢書《かんじょ》』『史記《しき》』などの中国史を学んできました。また、遣隋使《けんずいし》や遣唐使《けんとうし》を通じて、中国の教養人とのつながりもありました。ですから、中国の「兵力一〇倍の常識」が日本に伝わっている、と考えられるのです。

ところが、兵士数が正直に記載されている史料もあります。軍記物語『保元物語《ほうげんものがたり》』です。同書は、崇徳《すとく》上皇と後白河《ごしらかわ》天皇が皇位継承をめぐる争いに源氏と平氏の武力を借りた保元の乱（一一五六年）を描いたものです。上皇方には源為義《ためよし》と平忠正《ただまさ》ら、天皇方に源義朝《よしとも》（頼朝の父）と平清盛らがつきました。為義は義朝の父、忠正は清盛の叔父にあたります。結果は上皇側が敗北し、崇徳上皇は讃岐《さぬき》国（現・香川県）に流され、為義と忠正は処刑されました。

上皇と天皇の戦いに源氏・平氏が絡んだ合戦ですから、よほど大規模な戦闘が行なわれたのだろうと思いきや、後白河天皇方から出兵したのは清盛が率いる三〇〇余騎、義朝の二〇〇余騎、源義康《よしやす》（足利氏の祖）の一〇〇余騎でした。びっくりするぐらいに小規模です。たった一日で終結しています。

源氏の地盤の関東で戦えば、もうすこし兵を集められたかもしれませんが、京都まで連れてくるのは難事業ですから、この程度の規模に止まったのです。平安時代のほとんどの合戦の規模はこのようなものだと私は考えています。それが鎌倉時代を経て、室町時代になると、何百、何千という単位だった動員兵力が数千、数万へと大きくなりました。

その好例が、室町時代初期に京都で起こった明徳《めいとく》の乱（一三九一年）です。明徳の乱は、守護大名の山名氏清《うじきよ》・満幸《みつゆき》らが第三代将軍・足利義満に対して起こした反乱です。

義満は強大だった山名氏の勢力を抑えるために、山名氏一族の内紛に介入。この挑発に、氏清・満幸らが挙兵して京都に攻め上りましたが、山名氏の敗北で終わりました。乱の前まで、山名氏は一一カ国の守護職を持ち、全国六六カ国の六分の一だったために「六分の一殿」と呼ばれましたが、この敗北で三カ国となりました。

義満は、幕府の直轄軍である奉公衆《ほうこうしゅう》を編成していました。任命されたのは足利一門や譜代《ふだい》の被官、各国の守護の一族など。その数は三〇〇〇と言われ、幕府軍の一軍として勝利に貢献しています。この時、山名氏も相当な動員をかけて善戦したと伝えられています。ですから、両軍合わせて一万人を超えていた可能性が高いと考えられます。

信長と信玄がガチンコで戦ったら？

動員兵力が増加したのは、集団戦が行なわれ始めてプロ（プロフェッショナル）の武士が増えただけでなく、農民に徴兵が課せられるようになったからです。それだけ、武家政権の権力が大きくなったとも言えます。権力が大きくなければ、農民を戦場に連れていくことはできませんから。戦《いくさ》は生き死ににかかわる問題です。武士になって一旗揚げてやろうという農民もいたでしょうけれど、普通は行きたくありません。少なくとも、私はそうです。

これは、太平洋戦争（一九四一～一九四五年）を考えるとよくわかります。当時の日本は国家権力が強く、「戦場に行きたくない」と泣き喚《わめ》いても連れていかれました。権力が強大にならなければ、国民一人一人を把握・捕捉して戦場に送ることができないのです。

では、鎌倉時代の御家人《ごけにん》と戦国大名はどちらの権力が大きかったでしょうか。それは、圧倒的に後者です。農民を徴用する、その土地に密着した権力は強く、ゆえに戦国大名は万単位の軍勢を動かすことができました。

合戦は通常、軍勢が多いほうが勝利します。一〇〇〇人の精鋭部隊が一万人のぼんくら軍を打ち負かすことがありますが、それはきわめて稀《まれ》です。戦争は兵力量、すなわち「数」が制します。

戦国大名は家臣だけではなく、領内の土豪や地侍《じざむらい》にも兵の徴用のお触れを出します。具体的には、所有する土地の米の収穫高に比して、兵を徴する人数を割り当てます。当時は、貫高《かんだか》を用いて算定しました。所有地からどれだけ米が収穫できるか、その石高をお金に換算して、銭の単位の貫文《かんもん》（貫《かん》）で表しました。

たとえば、小田原《おだわら》（現・神奈川県小田原市）を中心に栄えた北条《ほうじょう》（後北条《ごほうじょう》）氏は、「七貫文について一人」という定めがあったと伝えられています。このように、徴兵は権力の在り方を如実に示しているのです。

戦国大名の兵力も、領地での米の収穫高に左右されていました。作家の司馬遼太郎《しばりようたろう》さんは、領地一〇〇石あたり二・五人（およそ三人とも）の兵力を持てると算定されていました。豊臣秀吉は二二〇万石（最大石高、以下同様）ですから、五万五〇〇〇人の兵力を持つことができます。徳川家康に至っては六万二五〇〇人になります。

では、もし三五歳頃の織田信長と武田信玄《しんげん》がガチンコで戦ったら、どちらが勝利するでしょうか。私はためらうことなく、信長に軍配を上げます。兵力量に圧倒的な差があるからです。

司馬さんの兵力算定法で両者を比較してみましょう。まず、上洛前の信長の領地は尾張国五七万石、美濃《みの》国（現・岐阜県南部）六〇万石、伊勢《いせ》国（現・三重県東部）六〇万石のうち北部の三〇万石とするならば、合計でおよそ一五〇万石ですから、兵力は四万人弱。いっぽう信玄は、甲斐《かい》国（現・山梨県）と信濃《しなの》国（現・長野県）で合計六〇万石、兵力に換算すれば、一万五〇〇〇人となります。武田軍が精強であったとしても、二倍以上の敵に勝利するのは難しいでしょう。

集団戦法の始まり

武士が台頭した平安時代終期や鎌倉時代、その戦い方は一騎打ちが主流でした。「やあやあ我こそは！」と、両軍の騎馬武者（上級武士）どうしが大音声《だいおんじょう》で名乗り合い、文字通り弓を射合《いあ》います（騎射《きしゃ》）。雌雄《しゆう》が決しない場合は馬上で組討《くみう》ちし、相手を馬から落として小刀で首を取ります。それでも決着がつかなければ、互《たが》いが引き連れた従者《じゅうしゃ》が参戦して乱戦となりました。騎馬武者を中心に一族郎党が小集団を形成していたのです。一騎打ちの間は、周囲の兵の手出しは厳禁です。

このように、鎌倉時代までの合戦は形式を重視した儀礼的で、勝っても負けても美意識が不可欠だったのです。このことからも、平安・鎌倉両期の合戦が、数万人もの大軍で激突するような戦いではなかったことがわかります。

しかし、この暗黙のルールを無視して、奇襲で勝利を手にした英雄がいます。天才戦術家と謳《うた》われた源義経《よしつね》です。

たとえば、平氏が滅亡に至った壇《だん》の浦《うら》の戦い（一一八五年）における非戦闘員の射殺が挙げられます。義経は壇の浦（現・山口県下関市《しものせき》）において起こったこの合戦で、平氏水軍の船を漕ぐ水主《かこ》梶取《かんどり》（操船員）を射殺しています。水主梶取はいわば民間人であり、勝利のために彼らを射殺《いころ》すのは暗黙の禁じ手です。このルールブレーカーな戦法は、鎌倉武士団の厳しい批判の目に晒《さら》されました。ですから、この戦法は来るべき時代の戦いの在り方を暗示していた、と言えなくもありません。

壇の浦の戦いからおよそ一〇〇年後、二度の元寇で、鎌倉幕府軍はモンゴル軍の集団戦法に悪戦苦闘します。元寇とは、東アジア・北アジアを支配していたモンゴル帝国（元）と、属国の高麗《こうらい》による日本侵攻のことです。

最初の文永の役では、鎌倉武士たちは儀礼にのっとり、名乗りを上げて一騎打ちでモンゴル軍に挑《いど》みました。ところが、モンゴル軍の集団に取り囲まれて殺されてしまいます。また、船尾に集まる武装していない水主梶取も、格好の標的となってしまいました。伝統的な麗《うるわ》しき戦い方が、完全否定されたのです。鎌倉武士たちは、自分たちの戦い方が国際標準にないことを痛感します。

二度目の弘安の役は、学習した幕府軍が集団戦法で迎え撃ち、モンゴル軍の上陸を阻止します。次《つ》いで夜襲を敢行し、モンゴル軍船を沈めています。夜間の駐留を控えたモンゴル軍は海上に逃《のが》れたところ、台風に直撃され、壊滅的な被害を受けて撤退しました。

この元寇を機に、日本の合戦にも集団戦法が重視されるようになったのです。

致死率が高い一番槍

南北朝時代に入ると、合戦は集団戦に移行します。南北朝時代とは、室町時代の初期約六〇年間です。足利尊氏が征夷大将軍《せいいたいしょうぐん》に就任する二年前の一三三六（建武《けんむ》三・延元《えんげん》元）年に擁立した光明《こうみょう》天皇の北朝と、後醍醐天皇の南朝の対立がその始まり。朝廷が二つに分裂したことで、武士・貴族らによってさまざまな戦いが繰り広げられました。結局は一三九二（元中《げんちゅう》九・明徳三）年、第三代将軍・足利義満の仲介で南北朝合一がなりました。

集団戦が取り入れられたことで、騎射による一騎打ちが次第に廃《すた》れていきます。騎兵は刀剣を武器にした打物《うちもの》騎兵が主力になり、身体を近づけて戦う近接戦闘になりました。弓は歩兵の武器として扱われ、遠距離からの歩射《ぶしゃ》が常態化しました。

薙刀《なぎなた》はそれまで主要武器でしたが、戦闘形式が集団戦へと変化していくと、周囲の味方を誤って斬りつける事故が多発。そこで、薙刀に代わって浸透したのが槍《やり》です。槍は薙刀とは異なる形状の長柄《ながえ》武器で、大きく振り回すのではなく、刺突《しとつ》したり振り下ろしたりして使用します。

戦国時代も、簡素化されてはいますが、弓隊どうしの矢合わせ、槍隊による槍合わせ、騎馬隊の突撃という手順がありました。軍において、各武将に率いられたそれぞれの部隊は弓隊、槍隊、騎馬隊、そして歩兵で編成されています。

矢合わせとは対峙した両陣営双方から、大きな音がする鏑矢《かぶらや》を放つことです。これをきっかけに、両軍の弓隊から一斉に矢が放たれる。双方の距離は一〇〇〜二〇〇メートル。矢合わせの段階で、敵の戦力を削ぐために、どれだけの敵兵を倒せるかが重要。鉄砲が普及すると、弓に鉄砲が加わりました。

次が、槍合わせです。槍隊どうしが長さ三間《げん》(約五・四メートル)の槍を突き合う。そして、槍で叩く、足を払うなどの攻撃をしかけ、倒れた相手を突く。兜を叩いて割ることもあります。

弓隊も槍隊も、足軽を主体に構成されています。アマチュアが戦うのですから、至近距離で斬り合うのは土台《どだい》無理な話です。距離を取って槍で突くほうが、恐怖心が薄らいでよいのです。その意味では、弓はアマチュアに適しているのですが、訓練を受けていないと矢をつがえるのに時間がかかるうえ、命中率も下がります。

アマチュアに合わせるようにして、槍の改良が進みました。槍は、それまで穂《ほ》（刀身の部分）が大きく、重量があったために扱いにくい武器でした。戦国時代になって持ちやすいように柄《え》が長くなり、穂も小型化されました。これが長柄槍《ながえやり》で、主流になっていきました。武器の扱いに慣れていない農民上がりの足軽に、長柄槍はうってつけの武器だったのです。

槍合わせのあと、槍を持った騎馬隊が敵陣に突撃し、敵陣を切り崩す。これ以降は歩兵も加わり、敵味方入り乱れての戦闘になります。

戦いの幕が開くと、敵陣に向かって最初に攻撃をしかける部隊が「先鋒《せんぽう》」です。そのなかでも、「先手《さきて》」と言われる、槍を持った武士が主役です。真っ先に武功を挙げると、「一番槍《いちばんやり》」として称《たた》えられ、恩賞の対象になりました。ですから、誰が先手を担《にな》うかで、争うこともありました。先手は、恐怖心に打ち勝たないと務まりません。特に、一番槍は致死率が高い。ゆえに、その行為自体が勇猛の証《あかし》と評価され、武士の誉《ほま》れでもありました。「一番太刀《たち》」も一番槍と同等の処遇を受けたのですが、遠距離からの一斉放射の弓には、それは適用されませんでした（のちに登場する鉄砲も同様です）。戦国大名は、精強な槍部隊を有することで、自軍の強化をはかっていきました。

関ヶ原の戦いでは、福島正則《ふくしままさのり》が徳川家康に「私に先鋒を命じてください」と直訴しました。軍議の結果、正則が東軍先鋒と決まります。ところが、徳川四天王の一人である井伊《いい》直政《なおまさ》が「譜代を差し置いて福島に先鋒を取られるのは恥だ」と、娘婿の松平忠吉《まつだいらただよし》（家康の四男）を担《かつ》いで抜け駆けし、先陣を切ってしまいました。

先鋒は、全軍の士気を大きく左右します。先鋒が敵を打ち破れば全軍の勢いがつき、逆に負けてしまうと、全軍は苦境に追い込まれてしまいます。先鋒は、とても重要な使命を持っていたのです。

戦国武士の本質

武者どうしの一騎打ちがなくなり、また足軽が戦場を占めるようになると、戦い方や武器の変化だけではなく、鎌倉幕府に端を発した「御恩《ごおん》と奉公《ほうこう》」の主従関係も疑わしくなってきました。御恩と奉公とは、戦場で主人のために命を懸ければ、主人が自分や自分亡きあとの家族に対して土地を守ってくれたり、恩賞として新たな土地を与えてくれたりする約束であり、契約です。

この御恩と奉公の関係と対局にあるのが、戦国時代の日本三大奇襲戦の一つ、河越夜戦《かわごえやせん》（一五四六年）のあとに、敗北側の家臣たちが取った行動です。

河越夜戦は、武蔵国《むさしのくに》（現・東京都、埼玉県、神奈川県の一部）支配の拠点となる河越城（現・埼玉県川越市《かわごえし》）の争奪をめぐる、北条氏康《うじやす》（北条氏第三代当主）と上杉憲政《うえすぎのりまさ》・上杉朝定《ともさだ》・足利晴氏《はるうじ》などの連合軍との戦いです。もともと武蔵国を支配していた上杉氏の居城の河越城に、北条氏第二代当主の北条氏綱《うじつな》が侵攻し占領したことから始まっています。連合軍は河越城奪還のために、八万の大軍で城を攻囲しました。対して、籠城する北条軍は八〇〇〇。前述のように、戦争は兵力差が勝敗を決するのですから、帰趨《きすう》は火を見るよりも明らかです。

ところが、劣勢の北条軍は夜襲をかけ、城を囲んでいた八万の大軍を蹴散《けち》らしたのです。なぜ大軍である連合軍（上杉方）が負けたのでしょうか。大軍ゆえの油断を衝《つ》かれたのは言うまでもありませんが、危機に対する指令系統が確立できていなかったことが最大の敗因と見られています。

戦いが終わって、散《ち》り散《ぢ》りに逃げたはずの上杉方の家臣たちは、次々と敵将である北条氏康のもとに「家来にしてください」と頭を下げに来ます。自分たちの生活を守ってくれるのは、上杉氏ではなく北条氏のほうだと擦《す》り寄ったのでしょう。相手を倒そうと戦い、負けて逃げておきながら、ずうずうしくも安全保障を求めたのです。

鎌倉武士の御恩と奉公は、身命《しんめい》を賭《と》しての主従関係でした。しかし、上杉方の武士は、何の代償も払わずに見返りだけを期待しています。つまり、ただ計算尽くで動いているだけです。戦国武士気質と言えるかもしれません。ですから、主人のため、家族のため、名誉のために死を選ぶといった武士は、戦国時代には少なかったと私は考えています。

では、鎌倉武士の主従制の関係は、純粋な忠誠心に裏打ちされたものなのでしょうか。そうではありません。やはり、ギブ・アンド・テイクであって、「殿のために」という忠誠心の裏側には、「自分の家の繫栄のために」という功利的な計算が働いています。ただ、自分の身命を賭すというのですから、鎌倉武士は戦国武士と性根《しょうね》が違うことは間違いありません。

豊臣秀吉、徳川家康のもとで大名を務めた藤堂高虎《とうどうたかとら》は、八人の主人に仕えています。主家が滅びれば、主人を替え、自分を高く買ってくれるところに仕えたわけです。

なお、北条氏に敗北した上杉憲政は越後《えちご》国（現・佐渡島を除く新潟県）の戦国大名・長尾《ながお》景虎《かげとら》のもとに逃れ、景虎を養子にして彼に家督を譲《ゆず》っています。景虎は、のちの上杉謙信《うえすぎけんしん》です。

日本三大奇襲戦の、他の二つについても記しておきましょう。一つが、一五五五（天文《てんぶん》二四）年の厳島《いつくしま》の戦いです。これは厳島（現・広島県廿日市《はつかいち》市）で起こった、毛利元就《もうりもとなり》軍約三〇〇〇と陶晴賢《すえはるかた》軍約二万の合戦です。荒天に乗じた毛利軍が奇襲に成功、大勝利を収めました。もう一つは、一五六〇（永禄《えいろく》三）年に起こった桶狭間《おけはざま》の戦いです。桶狭間（現・愛知県名古屋市、豊明《とよあけ》市）で、織田信長軍と今川義元《いまがわよしもと》軍が激突しましたが、詳しくは第一部で述べたいと思います。

世界最大の鉄砲生産国・日本

鉄砲（火縄銃）は一五四三（天文一二）年、種子島《たねがしま》（現・鹿児島県西之表市《にしのおもて》）に伝来しました。そこから一年あまりで国産化に成功し、日を経ずして、堺《さかい》（現・大阪府堺市）、根来《ねごろ》（現・和歌山県岩出市《いわで》）、国友《くにとも》（現・滋賀県長浜市《ながはま》）において量産化ができるようになりました。この三つの地は、のちに三大鉄砲生産地として知られます。

鉄砲は伝来から一〇年以内に実戦で使われ始め、以降は主要武器として浸透していきました。そして、伝来から約三〇年後の一五七五（天正三）年、織田信長・徳川家康の連合軍と武田勝頼《かつより》軍が戦った長篠《ながしの》の戦い（長篠合戦。現・愛知県新城市《しんしろ》）において、織田・徳川軍は、約一〇〇〇挺《ちょう》もの鉄砲を用意しています。ちなみに、通説では約三〇〇〇挺とされますが、これは創作でしょう。

詳しくは第一部で詳述しますが、この戦いは、鉄砲の驚異的な威力が全国の戦国大名に知れわたった、まさしく驚天動地の事件でした。鉄砲を組織的に用いた信長の戦法は、戦国大名の戦争観・軍事思想を一新します。戦国大名たちは、安定して鉄砲が確保できる供給路を競うようにして求めるようになったのです。

当時の日本は、開発したヨーロッパよりも数多くの鉄砲を保有し、世界最大の鉄砲生産国だったと伝えられています。その背景には、高度な技術を持つ刀鍛冶《かたなかじ》など、多種多様なものづくりの職人の存在がありました。日本刀をつくる技術が、鉄砲製作に応用できたのです。また、鉄鋼の生産力も高いものがありました。つまり、製造技術があり、工場のインフラもできていた、先進工業国だったのです。

織田軍には、鉄砲以外にも、諸大名を震え上がらせていた武器がありました。信長考案の三間半槍《さんげんはんやり》です。通常の三間槍よりも一メートルも長く、約六・四メートルありました。敵の槍隊も素人《しろうと》同然ですから、槍先が長いほうが有利です。その戦い方は、横隊《おうたい》になって三間半槍を叩くように振り下ろしながら、前進していくというものでした。従来の槍よりも一メートルも長いのですから、前に突き出すだけでも効果があります。横一列になり槍を突き出して進む槍衾《やりぶすま》には、敵の騎馬隊は突撃どころか、なす術《すべ》がなく、効果は絶大でした。諸大名は、わが軍にもと、槍の長さを競いつつ、長槍隊の編成に力を入れるようになりました。

一五五三（天文二二）年、二〇歳の信長は義父となる斎藤道三《さいとうどうさん》と、聖徳寺《しょうとくじ》（当時は現・

愛知県一宮《いちのみや》市、現在は名古屋市）で対面の際、数百人の三間半槍を担ぐ長槍隊、鉄砲隊、弓隊を従えて行軍してきました。信長は他の戦国大名に先駆けて、大量の鉄砲を所有していたのです。それを見た道三が、信長の優れた軍事力に感じ入った、という逸話が残っています。

小大名は消え、大大名が残った

織田信長は、美濃国を制圧した一五六七（永禄一〇）年頃から、土木工事を担う工兵、兵站《へいたん》・輸送を受け持つ輜重兵《しちょうへい》などを、足軽を主力にした組織にしていました。兵站（ロジスティク）とは戦場で後方に位置して、前線に軍需品、食料、馬などの供給・補充を行なうことです。

鉄砲隊なども含め、これらは常設軍になっていきます。軍事組織を機能的に再編成したことにより、大軍で機動的に活動し、連戦や長期戦にも耐えられる軍隊となっていきました。その結果、戦域は広範にわたり、複数国を領するようになります。

いっぽう、諸大名の軍隊は、有事になると農民に武器を持たせ、兵として戦場に送り出していました。となると、農繁期に有事が起これば、米の生産に支障をきたすことになります。米の生産力の低下は、国力の衰弱につながります。そもそも農繁期には、大量動員することが困難でした。つまり、信長は領地内が農民不在になるのを避けるために、スペシャリストとしての足軽を戦《いくさ》のためだけに雇い、常設軍をつくったのです。

さらに、諸大名は専門の工兵や輜重隊は持っていませんから、兵は武器の他に陣地や砦《とりで》をつくるための土木用材料・工具、そして自分用の食料も持ち運ばねばなりません。必然的に移動距離は制限されます。携行の食料が切れれば、撤退しなければなりません。何カ月にもわたる長期戦は、とうてい不可能です。ですから、戦国時代の合戦のほとんどが隣国との争いでした。もとより、天下統一など考えたこともなかったのです。

織田軍は常設軍の設置によって一年中、合戦ができるようになり、たちまちのうちに領土を拡大していきました。それを見た他の戦国大名たちは領国を守り、また領土を広げるために、多数の兵士を動員すると共に強力な軍隊を編成する必要性に直面しました。諸大名は足軽のスペシャリスト化・組織化をはかり、農民の徴兵を強化しました。うまくいったところは、動員できる兵の数を飛躍的に伸《の》ばしています。

しかし、成功したところは数えるほどしかありませんでした。織田軍のように、多くの農民、商人、職人などを専属として雇うには財政力、それに裏打ちされた雇用政策がなければ不可能だからです。信長は、どのようにして革新的な軍編成を行なったのでしょうか。その解説は第一部に譲ります。

軍備を強化した大名は、領国支配の安定化をはかるために、周囲に領土を求めるようになりました。こうして、織田信長が激しい戦いを繰り広げた近畿地方、甲信越地方だけでなく、全国の戦国大名が各地で衝突していきます。その結果、弱小大名は消滅し、信長をはじめ、武田信玄、上杉謙信、北条氏康、毛利元就、長宗我部《ちょうそかべ》元親《もとちか》、島津《しまづ》義久《よしひさ》などの大大名ばかりが残っていったのです。まさに、弱肉強食の世界です。

常設軍を持っていると、攻め込める他国の領地が見つかれば、いつでも攻め込むことができます。軍編成が後れている国は応戦一方でしかなく、強国に飲み込まれるのは時間の問題です。機能別常設軍の設置という信長の発想は、戦国大名の実力、さらには国力に著しい差をつけることになったのです。

なぜ戦争は起こるのか

ところで、戦争はなぜ起こるのでしょうか。

ターゲットとする相手との関係において、双方に「意志」「能力」「対抗力」がそろっていると、武力衝突が起こります。

意志とは、「あの城を奪う」「あの川のこちら側は領地にする」といった明確な目的があることです。また、善悪は別として「○○のために戦う」という大義名分があるかどうか。そのうえで、「だから戦争をしてでも」というのが意志になります。

能力とは文字通り、相手と戦うのに十分な財政に裏打ちされた軍事力です。

対抗力とは、相手の最大の強みに勝《まさ》るとも劣らない強みを持っていること。現代であれば、「核兵器には核兵器を」ということになるのですが、これでは抑止力が先に立ち、戦争は起こりにくくなります。強みとは、やはり兵力や武器になるのでしょう。

この三条件が相手にそろわなければ、強引に侵攻することもありますが、たいがいは無血で要求を飲ませたり、譲歩・妥協を引き出したりして、とりあえず決着となるのではないでしょうか。

考えなければいけないのは、先に戦争を起こそうとする側があることです。戦争をするには莫大な金がかかりますし、負けたら立ち上がれなくなります。まさに、戦争は国の大事件なのです。それを選択するということは当然、何か目的があるはずです。目的なくして、戦争をすることはほぼない。起こす名分のない戦争を「無名《むめい》の師《し》」と言います。出典は中国の古典で、「師」とは戦争を指します。目的、つまり大義名分のない戦いは、もっとも軽蔑に値するとされていました。

このように、戦争目的ということを考えた時、勝敗は何によって決するか、が見えてきます。では、日本の合戦の勝ち負けは何で決まるのでしょうか。勝敗は相手が白旗を掲げる、敵を殲滅《せんめつ》するといった白黒がはっきりつく場合ばかりではありません。

たとえば、宿命のライバルである武田信玄と上杉謙信の間で起こった、川中島《かわなかじま》の戦い（一五五三～一五六四年）は、はっきりとした決着がつかずに終わっています。両者が川中島（現・長野市）で激突したこの戦いは、一一年間・五次にわたりますが、もっとも激戦となったのは第四次の戦い（一五六一年）です。

川中島が位置する北信濃は信玄が侵攻して領地にしたもので、一〇万石の米の生産がありました。北信濃の豪族らが助けを求めたのが、隣接する越後国を治める謙信です。謙信の目的は、北信濃から武田の勢力を一掃することでした。

先に兵を出したのは謙信で、戦いはまる一日展開されたのですが、謙信は何も得られずに撤退しています。信玄は、弟・信繁《のぶしげ》、重臣・室住虎光《もろずみとらみつ》、伝説の軍師・山本勘助《やまもとかんすけ》らが戦死するなど、大きな損害を被《こうむ》りましたが、北信濃の領地は守り抜きました。その戦いの激しさゆえか、武田氏の戦略・戦術を記した軍学書『甲陽軍鑑《こうようぐんかん》』には、「午前は謙信の勝ち、午後は信玄の勝ち」とあります。

前述のように、戦争をするには何らかの目的があります。川中島の戦いでは、謙信と信玄のどちらが先にしかけたのか。しかけた謙信側には、どんな目的があったのか。その目的は達成されたのか。これが勝敗を決める条件です。達成されていれば謙信の勝ち、達成されていなければ信玄の勝ちです。そう考えると、信玄の損害は大きいですが、謙信の目的は達せられなかったのですから、勝利は信玄にあります。

合戦の終わり方

合戦とは、どのように終わるのでしょうか。

ちなみに、合戦の「決着」と「勝敗」は違います。たとえば、前項で挙げた第四次川中島の戦いにおいて、仮に武田方の重臣が数多く討たれて戦いが決着したとしても、武田方が領地を守り抜いているならば、武田方の勝利です。

さて、合戦の終わり方ですが、上杉謙信のように撤退するのも終わり方の一つです。多いのは、敗色が濃い側の投降です。何らかの条件付きでの講和もあります。総大将の討ち死に、総大将の自刃もあります。

では負けた場合、どのような運命が待っているのでしょう。

自刃の他に、敵方による処刑がごく一般的です。処刑とは斬首、島流しなどの流刑を意味します。斬首は、河原《かわら》などで公開される場合が少なくありません。一族郎党みな磔刑《たっけい》というのもあります。自刃は武士らしい最期《さいご》とされ、主君みずから自刃することを引き換えに、家臣の助命嘆願を行なうこともありました。備中高松城が羽柴《はしば》秀吉（のちの豊臣秀吉）の水攻めで落ちた際、籠城していた毛利方の城主・清水宗治《しみずむねはる》は、五〇〇〇人の城兵の命と引き換えに切腹しています。

水攻めの最中、京都で本能寺《ほんのうじ》の変が起こり、織田信長が亡くなります（一五八二年）。秀吉は明智光秀《あけちみつひで》を討つために、毛利方との和睦を急がなければなりませんでした。なかなか合意できずにいたのですが、秀吉は宗治と直接交渉し、前述の条件を示しました。宗治は躊躇《ちゅうちょ》なく切腹に応じます。潔《いさぎよ》く堂々としたふるまいに秀吉は感服し、宗治を武士の鑑《かがみ》と賞賛したと伝えられています。なお、毛利方の軍監《ぐんかん》として入城していた末近信賀《せちかのぶよし》も、みずから切腹を選んでいます。

秀吉はただちに中国大返し（第二部で詳述）を敢行して、京都に向かい、光秀を討ち果たします。宗治が切腹に応じなければ、あるいは即断しなければ、天下人・豊臣秀吉は誕生していなかったかもしれません。

流刑では、関ヶ原の戦いで西軍に与《くみ》した真田昌幸《さなだまさゆき》・信繁《のぶしげ》（幸村《ゆきむら》）親子の高野山《こうやさん》（現・和歌山県伊都《いと》郡）、のちに九度山《くどやま》（同）での幽閉が有名です。降伏して許された場合、相手方の家臣になることもありました。

合戦の勝者がすべてを手にするいっぽう、敗れし者はそれまで築き上げてきたものの一《いっ》切合財《さいがっさい》を失う。こうした過酷な運命を賭して、武将たちが合戦に挑んでいたのが、戦国時代なのです。

第一部

織田信長

——戦国時代に革命をもたらした発想と行動

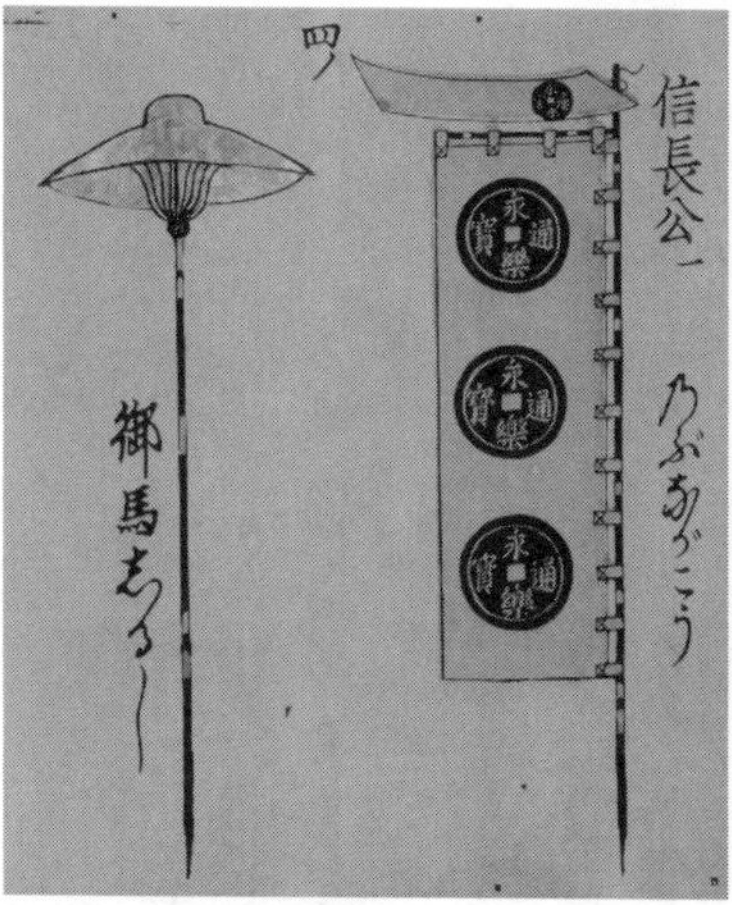

信長の旗印(右)と馬印(寛永年間制作「御馬印」より。以下、各章同じ)

なぜ絶対権力者になれたのか

織田信長は、父・信秀の三男ながらも嫡男として、一五三四（天文三）年に生《せい》を受けました。信長の家は一族の傍流であり、家柄もそれほど高くなく、尾張国の守護大名・斯波氏の家臣（守護代《しゅごだい》）の家臣（奉行《ぶぎょう》）でした。曽祖父以来、官名の弾正忠《だんじょうのちゅう》を通称にし、織田弾正忠家と呼ばれていました。祖父・信貞《のぶさだ》の代に繁栄する津島湊を領有し、父・信秀が熱田湊の権益を掌握して、大きな経済力を有するようになります。

父の信秀は、尾張守護代の三奉行の身分から尾張国随一の実力者に伸《の》し上がった傑物です。晩年の信秀は、美濃国の斎藤道三、駿河《するが》国（現・静岡県中部）の今川義元に押されがちでした。道三とは、その娘を信長の正室に迎えることにより、同盟が結ばれています。

一五五二（天文二一）年、信秀が四二歳で急逝。一九歳の信長が跡《あと》を継ぎますが、普段から奇矯《ききょう》なふるまいが多く、周囲からは「大うつけ」呼ばわりをされ、信貞・信秀二代によって繁栄した織田家が無能な信長に潰《つぶ》されてしまうだろう、と冷《ひ》ややかな目で見られていました。翌年、信長を諫《いさ》めるために傅役《もりやく》の平手政秀《ひらてまさひで》が自害したという逸話が残されています。

信秀という重石《おもし》を失った織田家は、今川義元など近隣から圧迫を受けながら、主家をはじめ一族との争いが続きました。挙句《あげく》は、信長と弟・信勝《のぶかつ》（信行《のぶゆき》とも）が家督をめぐり、激しく対立します。信秀の代の家臣の多くは信勝のほうが後継者にふさわしいと考え、公然と反旗を翻しました。その中心にいたのは、のちに信長の重臣となる林秀貞《はやしひでさだ》と柴田勝家《しばたかついえ》です。秀貞は、織田家の家老でもありました。信長を支持したのは、古参の佐久間信盛《さくまのぶもり》などを除くと、丹羽長秀《にわながひで》、前田利家、池田恒興《いけだつねおき》ら信長に仕えた若手でした。

信秀の死去から四年後、信長は信勝と戦います（稲生《いのう》の戦い）。信長軍は七〇〇の軍勢で信勝軍一七〇〇にぶつかり、信長みずから敵将・林通具《みちとも》（秀貞の弟）を討ち取って激闘の末に勝利しました。母・土田《どた》氏の懇請により信勝を赦免しますが、二年後、信勝が再び反意を表したため、誅殺します。

結局、信長は尾張を平定するのに、六年もの歳月を要しました。その過程で、敵対していた秀貞や勝家ら有力家臣たちもその手腕を認め、信長に服するようになっていきました。木下藤吉郎《きのしたとうきちろう》（のちの豊臣秀吉）が仕えたのは、この頃と言われています。

信長が家督を継ぐまでについていた四人の家老で、この時点で残っていたのは、謀反に加わったものの赦《ゆる》された林秀貞ただ一人。家老としては当主・信長の後ろ盾にもなれず、まったく無力の存在です。実力で当主の座を勝ち取ったのですから、信長に諫言できる家老、重臣は誰一人いませんでした。「絶対的な権力」を、織田家中で握ったわけです。

他人に意見されたり頭を押さえられたりすることがない環境は、信長には性《しょう》に合っていました。自分一人で考え、自分の見識に信を置いて行動する。常識に拘泥《こうでい》せず、絶対権力者として思うままにふるまい、自分の道を貫《つらぬ》く。そして革新的な発想で、戦国大名の一群から逸早《いちはや》く抜け出し、天下取りの道を切り拓いていったのです。

信長を救った三人の家臣

織田信長の革新性は、人材登用にも見られます。その手法は当時はもちろん、その後の日本社会の常識と大きく異なるものでした。自分の役に立つ機能(能力)を持っているか否かのみを判断基準に、「どこの馬の骨とも知れぬ輩《やから》」でも評価。家柄や経歴にこだわることなく家臣に取り立て、重要な地位に抜擢したのです。この「特異な個性」が反映された能力主義は、家臣団構築の組織論的手法でもありました。

信長は、特異な個性で登用された家臣に窮地を救われたことがあります。生涯唯一の撤退戦である金《かね》ヶ崎《さき》の退《の》き口《ぐち》（金ヶ崎の戦い）です。退き口とは、撤退戦を意味する語です。

一五六八（永禄一一）年、信長は足利義昭《よしあき》を奉じて上洛し、越前国《えちぜんのくに》（現・福井県東部）の朝倉義景《あさくらよしかげ》に対して第一五代将軍に就任した義昭の命として、二度にわたって上洛を促します。しかし、義景は無視。信長は上洛を拒否する義景に「反意あり」として、これを口実に京都から敦賀《つるが》に侵攻します。一五七〇（元亀《げんき》元）年のことです。加勢した家康と共に三万の大軍で、朝倉氏の前線基地である金ヶ崎城（現・福井県敦賀市）を落とします。金ヶ崎城は琵琶湖《びわこ》の北方、敦賀湾に突き出た丘の上に築かれた城で、三方を海に囲まれた要害でした。

織田・徳川連合軍が戦いを優勢に進めていましたが、古くより朝倉家と同盟関係にあったという浅井《あざい》家の当主・長政《ながまさ》が反旗を翻します。長政は、湖北の長浜にある小谷城《おだにじょう》（現・滋賀県長浜市）を居城にする戦国大名です。妻は信長の妹・お市《いち》の方《かた》であり、この縁を契機に、信長と長政は同盟を結んでいました。ただ、条件として、信長は「朝倉への不戦の誓い」を立てていました。その誓いを信長が破ったために、長政は朝倉との関係を重視して苦渋の決断をしたのです。

お市の方が両端を紐《ひも》で結んだ小豆袋《あずきぶくろ》を陣中の信長に届け、夫・長政の裏切りを知らせたという、有名な逸話があります。小豆袋は、連合軍が「袋の鼠《ねずみ》」であることを示唆《しさ》しているわけですが、この逸話は創作の可能性が高いとされています。

北には朝倉軍一万二〇〇〇、背後の南からは浅井軍三〇〇〇。連合軍は一転、挟撃《きょうげき》の危機に陥《おちい》ります。信長は撤退を決断すると、殿軍《でんぐん》として木下秀吉（藤吉郎）、明智光秀、池田勝正《いけだかつまさ》の三部将を残し、脱兎《だっと》のごとく京都に向かって逃げ出します。従うのは、馬廻衆《うままわりしゅう》（大将の馬の周囲に近侍《きんじ》して護衛にあたる騎馬武者）などわずかな兵のみでした。殿軍とは、本隊の最後尾を担当する部隊のことで、しんがりとも言います。また、部将とは、一部隊を率いる部隊長のことです。

信長は逃げるにあたって、家康には知らせていなかったと言われています。真偽はわかりませんが、それほどあわてた遁走《とんそう》だったのでしょう。

信長は琵琶湖の西側、丹後《たんご》街道を南下し、朽木谷《くつきだに》まで逃げたところで、当地を治めていた豪族・朽木元綱《くつきもとつな》の道案内を得て、無事に街道を通過します（朽木越え）。元綱は浅井氏とつながりのある人物で、信長が討ち取られる可能性がありましたが、同行した松永久秀《まつながひさひで》の交渉・説得が功を奏しました。元綱はその後、信長の配下になりました。

金ヶ崎から遁走して三日、信長は命からがら京都に帰還します。いっぽう、殿軍は勝正が率いる三〇〇〇の部隊を主力に木下隊、明智隊らも奮闘し、織田本隊の撤退をも成功させるのです。大功を挙げた三人も、信長から数日遅れて京都に戻ってきました。

不可解な軍事行動

はたして、信長はダッシュで逃げる必要があったのでしょうか。このことは、私にとって長い間、謎でした。本題から逸《そ》れますが、この謎を検証してから人材登用のテーマに戻りたいと思います。

まずは、兵力の検証です。数字によって、戦いのリアルを浮かび上がらせます。信長の領国、尾張国と美濃国はそれぞれ約六〇万石、伊勢国北部は約三〇万石、領地にしたばかりの近江国《おうみ》（現・滋賀県）北部を仮に一〇万石とすると、計一六〇万石ですから、前述の司馬遼太郎さんの兵力算定法を用いれば四万の動員力があります。

対して朝倉軍は、越前一国で五〇万石ですから、一万二〇〇〇〜一万三〇〇〇。浅井軍は領国の近江国北部が一〇万石程度ですから、多少色をつけても三〇〇〇がいいところでしょう。

三万対一万五〇〇〇。織田・徳川連合軍は挟《はさ》み撃ちにあっても、圧倒的な兵力を持っています。たとえば、朝倉軍には二万の軍勢で相対し、浅井軍に対しては一万でもって立ち向かう。これで万全の備えだと思うのですが、信長は少数の兵だけを引き連れて一目散《いちもくさん》に逃げてしまいました。この軍事行動の意味がまったくわかりません。

思考をめぐらせた結果、辿《たど》り着いたのが「編成の原理」です。当時は、織田軍には足軽による常設軍が設置されたばかりでしたから、兵の相当数はまだ訓練が行き届いていないアマチュアの農民兵です。命が惜しいし恐怖が勝《まさ》りますから、すこしの異変でも驚愕して蜘蛛《くも》の子を散らすように逃げてしまいます。信長には、その惨状が容易に想像できたのでしょう。軍事とは何か、を理解していたわけです。

〝間に合った〟秀吉と光秀

金ヶ崎の退き口において、木下秀吉、明智光秀、池田勝正の役割は、織田信長が安全圏に逃げるまでの時間稼ぎでした。三人が討ち死にしようとも、織田本隊に甚大な被害が出ようとも、信長は自分が逃げ延《の》びることだけを考えていたに違いありません。その唯一の目的のために、三部将が起用されたのです。ストレートに言えば、捨て駒です。信長の自分ファーストに、空恐《そらおそ》ろしさを覚えます。

殿軍は限られた戦力で撤退する本隊を敵の追撃から守り、みずからも後退するという困難な役割を担います。その指揮は武勇に富み、人格的にも優れた者が務めるとされていました。織田軍では過去、佐久間信盛が殿軍を巧《たく》みにこなし、「退き佐久間」と謳われていました。信盛は家臣団の筆頭格で、主だった合戦のほとんどに従軍しています。

ところが、金ヶ崎の退き口でその大役を担った三部将は、明らかにキャリア不足で未知数でした。それぞれの経歴を見てみましょう。

木下秀吉は、通説では尾張国の中村《なかむら》（現・愛知県名古屋市）の農民の出身とされますが、詳細は不明です。当時は家臣歴一六年。金ヶ崎の退き口まで、台所奉行《だいどころぶぎょう》や普請奉行《ふしんぶぎょう》などで吏僚の才能を発揮し、家中で知恵者として知られていましたが、目立った武功とは無縁でした。そんな秀吉に武功を挙げる機会が訪れます。観音寺城《かんのんじ》の戦い（一五六八年）です。

この戦いは信長の上洛途上、観音寺城（現・滋賀県近江八幡市《おうみはちまん》）と、その支城の箕作城《みつくり》（現・同県東近江市《ひがしおうみ》）を舞台に、上洛を阻止する六角義賢《ろつかくよしかた》（承禎《じようてい》）・義治《よしはる》父子との間で起こった合戦です。六角氏は、守護大名として、鎌倉時代から近江国南部を中心に勢力を持っていました。

信長は、箕作城攻めに秀吉を抜擢します。秀吉は知恵者の本領を発揮し、木下隊二三〇〇で夜襲を決行して城を落とします。日中に七時間あまり戦っていたことで、城兵は夜襲をしかけられると考えていなかったからか、不意を衝かれた形で、堅城と知られた箕作城が簡単に落城してしまいます。

秀吉にとって、この戦いが唯一のめぼしい、まさに金ヶ崎の退き口での抜擢に〝間に合った〟武功でした。六角氏は居城の観音寺城から去り、領地は信長に奪われ、その後は没落の一途を辿ります。

司馬遼太郎さんの小説『国盗り物語』などでは、秀吉が金ヶ崎の退き口においてみずから殿軍を引き受け、その成功が以後の大出世への跳躍となったように描かれていますが、近年の史料から、池田勝正のサポートであったことがわかっています。そうだとしても、織田家中での評価は変わり、信長の重臣としての地位を築く契機になったのです。信長は論功行賞として、秀吉に黄金数十枚を与えています。

明智光秀も出自がよくわかっていませんが、高い身分ではなかったことは確かです。朝倉義景に仕えていたこともありましたが、のちに織田信長と足利義昭を仲介して二人の上洛を実現させ、その縁で、いつのまにか織田家中の一員として行動するようになりました。

残念ながら史料が乏しく、詳しい戦歴を知ることができません。武勇としては、本圀寺《ほんこくじ》の変（一五六九年）での活躍が、信長の伝記『信長公記《しんちょうこうき》』に記されているだけです。

本圀寺の変は、その前年に信長が三好三人衆《みよしさんにんしゅう》が擁立した第一四代将軍・足利義栄《よしひで》を廃し、義昭を第一五代将軍に据えたことから始まりました。三好三人衆とは、信長の上洛以前に京都をはじめ、畿内のほぼ全域を支配した三好長慶《ながよし》の一族や重臣である三好長逸《ながゆき》・政康《まさやす》、岩成友通《いわなりともみち》を指します。長慶は室町幕府の実権を握り、「三好政権」と呼ばれる独裁政権を築きました。三好三人衆は長慶の没後、この三好政権を支えていました。三好長慶についてはのちほど詳述します。

上洛した信長は、義昭を奉じて東寺《とうじ》（現・京都市）に入りました。三好三人衆は抵抗しますが、信長に制圧されます。そして、義昭が第一五代将軍の座についたのです。

その後、信長が岐阜城（現・岐阜市）に帰還した隙《すき》に、三好三人衆が義昭を仮御所の本圀寺（現・京都市）で襲いますが、足利軍は奮戦します。翌日、細川藤孝《ほそかわふじたか》、池田勝正、荒《あら》木村重《きむらしげ》らの畿内各地にいた織田方の武将たちが救援に駆けつけました。結局、三好軍は敗北するのです。

岐阜にいた信長は、本圀寺襲撃の報《しら》せを受けると、大雪の中を京都に向かいます。通常は三日かかるところ、悪天候にもかかわらず、わずか二日で到着しています。金ヶ崎の退き口における撤退もそうですが、信長の行動は常に素早いのです。

金ヶ崎の退き口が起こるのは、その翌年ですから、光秀もまた〝間に合った〟わけです。光秀は本圀寺の変を契機に、義昭の家臣でありながら信長の直臣《じきしん》にもなり、京都奉《きょうとぶ》行《ぎょう》に就任しました。

池田勝正は池田氏の当主であり、池田城《いけだ》（現・大阪府池田市）の城主でした。家臣歴は二年。上洛した信長と、三好三人衆方に属していた勝正は交戦しています。勝正の実力を知った信長は、その能力を高く評価し、敵だった勝正を家臣に取り立てました。本圀寺の変では、織田方の勝利に貢献しています。そして、勝正もやはり〝間に合った〟わけです。

このように、信長はいきなり抜擢しているわけではなく、その前に冷静・冷徹に能力をはかっていました。

信長に好かれた男

信長の人材登用で興味深いのは、能力と人間性を切り離して考えていたことです。それを物語るのが、松永久秀の登用です。

信長は一度でも裏切ったり、敵対したりした者は基本的に許さないのですが、久秀は二度も裏切っています。二度目の謀反が失敗に終わると自害しますが、信長はその時も、謀反の理由を質《ただ》して助命しようとしました。久秀の謀反の理由は、結局は彼の読み間違いなのですが、武田信玄、上杉謙信、石山本願寺《いしやまほんがんじ》（現・大阪市と推定される）などの信長包囲網（後述）に呼応して信長を見限ったことにあります。

なぜ信長は久秀を許したのでしょうか。それは、久秀の能力を高く買っていて、この男は使えると見ていたからです。

久秀も明智光秀や豊臣秀吉と同じく、出自は明らかではありません。久秀の人生は、右筆《ゆうひつ》（公文書や記録などの作成を行なう秘書役）として三好長慶に仕えたことから開けていきます。やがて軍事の才能が認められて武将の道を歩み、そのいっぽうで幕府や公家、寺社との折衝役をまかされました。次第に実力をつけて、大和国《やまと》（現・奈良県）の戦国大名にまで上り詰めます。長慶没後、久秀は畿内で主家を凌ぐほどの権勢を誇りながら、主導権をめぐって三好三人衆と対立を繰り返しました。

その後、信長の上洛に協力した久秀は、茶入《ちゃいれ》の付藻茄子《つくもなす》（九十九髪茄子《つくもかみなす》）を献上して同盟者の立場を得ますが、次第に立場は家臣に変わっていきました。

久秀は下剋上の典型として「梟雄《きょうゆう》」と呼ばれることが少なくなく、三悪事――主家を乗っ取った・第一三代将軍・足利義輝《よしてる》を殺害した・東大寺《とうだいじ》大仏殿を燃やした――の逸話がついて回ります。また、久秀の自害を、信長が欲しがっていた茶釜《ちゃがま》の平蜘蛛《ひらぐも》と共に爆死したという逸話もよく知られています。しかし、いずれも信憑性に欠け、創作の類《たぐい》と見られています。

信長の能力評価基準

脳科学者の中野信子《なかののぶこ》さん（東日本国際大学特任教授）と対談した際に、大いに首肯したのが、「織田信長はサイコパス」という意見です（本郷和人・中野信子著『戦国武将の精神分析』）。

信長は戦国大名の常識を超えた考え方をしたり、行動を取ったりしただけではなく、家臣に対する愛情や思いやりが薄く、人間心理の洞察に欠けています。きわめて自己中心的で、社会常識や外部の評価は気にならない。これらはサイコパスの特徴なのです。

信長には、戦って武功を挙げないと家臣を認めないというところがありました。どんなに見込んだ家臣でも討ち死にしてしまえば、「それまでの人物・能力」なのです。二つの例を見てみましょう。

万見重元《まんみしげもと》（仙千代《せんちよ》）は信長の有能な小姓《こしょう》で、リーダー的な存在でした。森蘭丸《もりらんまる》の先輩です。信長の小姓は男色の相手でもあるのですが、美少年であるだけでなく優秀であることが必須の条件。重元は諸大名や重臣との取り次ぎや奉行職を務めた中心的な側近であり、信長の嫡男・信忠《のぶただ》を支える次代のホープと目されていました。

そんな優秀な吏僚の重元を、信長は荒木村重の謀反である有岡《ありおか》城の戦い（一五七八年）に出陣させて鉄砲隊の指揮を執らせます。この戦いは、村重の居城・有岡城（現・兵庫県伊丹《いたみ》市）を舞台にして一年かけて行なわれた籠城戦ですが、謀反理由がわからない、どうでもいい戦いでした。この戦いで、重元は戦死してしまいます。

現代のリーダー論で言えば、幹部候補生には適材適所で活躍の場をつくって与え、「人財」として大事に育てることが、リーダーの務めとして要求されます。しかし、信長は違います。誰もが認める大名候補生の重元に、いっさいの斟酌《しんしゃく》を加えませんでした。その結果の討ち死にです。

塙《ばん》（原田《はらだ》）直政《なおまさ》も、信長の有能な側近官僚でした。武功を挙げることなく山城《やましろ》国（現・京都府南部）と大和国の守護、さらには畿内広範囲の支配をまかされるようになりました。秀吉、光秀を凌ぐスピード出世です。その直政が石山本願寺との戦い（一五七六年）の最前線に、司令官として一万を率いて臨《のぞ》みますが、あっけなく戦死。戦後、信長は敗死した直政に激怒し、直政の腹心の家臣二人を罪人として処罰しています。

金ヶ崎の退き口の三人にも、「それまで」の可能性はあったのです。信長にとって家臣は人財ではなくあくまでも人材であって、その能力を道具として見ていました。そして、戦場でその道具が使えるか・使えないかを見きわめていたのです。

明智光秀に対しても、同じことが言えます。光秀は信長の家臣団に加わる前から鉄砲術や戦術、築城技術などの軍事に明るく、加えて足利将軍家や公家、豪商、宗教人との人脈を持ち、教養人としても優れた人物でした。

金ヶ崎の退き口で光秀の能力を認めた信長は以降、光秀の卓越した軍事的才能と行政手腕に信頼を置きます。光秀を実によく使い、そして報《むく》いました。光秀は所領として、丹波《たんば》国（現・京都府中部、兵庫県東部）と近江国南部を得ています。柴田勝家、羽柴（木下から改姓）秀吉に勝《まさ》るとも劣らない厚遇です。

ただ、この抜擢には、けっして教養人・光秀の人間性・才能が加味されているわけではありません。信長には、この人物はこの点において有能だからこのポジションにつける、といった人事の思想がありません。徹頭徹尾、結果論で人材を見ています。

万見重元、塙直政の死に、信長は「これほどの人材をこんなところで使い潰してしまった。ああ、もったいない」とは露《つゆ》も思いません。使いどころをまったく考えていない、と言っていいのかもしれません。

野球にたとえてみましょう。信長は、九回の登板が役どころのクローザー（抑え）を、ここが大事なところだと思うと、五回であろうが、六回であろうが起用します。打たれようものなら、「それまで」です。うまく抑えたら、次は先発にも抜擢します。そこには適材適所という発想が薄いように感じます。

抜擢は下剋上を生む

戦国大名がもっとも恐れたのが、家臣の裏切りでした。それは、家臣団の構成や成り立ちを見れば、よくわかります。彼らは、自分の国の人間で家臣団を固めているのです。

たとえば、朝倉氏の初代である孝景《たかかげ》（敏景《としかげ》とも）が定めた分国法《ぶんこくほう》（領国統治のために制定した法令・家訓）「朝倉孝景条々《あさくらたかかげじょうじょう》（朝倉敏景十七箇条）」には、世襲を否定した人材登用が謳われています。これは世襲がだめだということではなく、重臣の息子だからといって重臣になれるとは限らない、という意味です。合理的で先進的な考え方です。いっぽう、内政は越前以外の者を使ってはならないという条項もあります。外部の人間を排除しているのです。

戦国時代は地縁・血縁で固く結びついた時代でした。軍団の編成においても、地縁・血縁による集団であれば、戦場でみっともないふるまいをすると、身内の恥になりますから、戦闘力は上がります。成り上がりの戦国武将ほど、自分と同じ出身地の者を家臣にしていました。もっとも信用できるからです。

実は、後世に名を残した大名たちはほとんど人材抜擢を行なっていません。上杉謙信にはわずかな例があります（河田長親《かわだながちか》など）。武田信玄はワンクッションを置いて、世襲の形を取って行ないました。具体的には、これはと見込んだ家臣を武田家に長く仕える名家に養子として押し込み、その家の跡継ぎとして取り立てるのです。たとえば、教来石景政《きょうらいしかげまさ》は名門・馬場《ばば》家の名跡《みょうせき》を継いで、馬場信房《のぶふさ》と改名します。さらに信春《のぶはる》と改め、通称・美《み》濃守《ののかみ》を名乗ります。武田四天王の一人として、戦場では「鬼美濃《おにみの》」と恐れられました。

このように見てくると、いかに信長の人材登用が異例・異質かがわかります。抜擢というのは「才能があれば使う」ということですから、裏切りを生み、下剋上につながりやすい。信長の一生が、そのことを物語っています。松永久秀、荒木村重に裏切られ、ついには明智光秀にも裏切られて、自害に追い込まれました。彼らは皆、信長が高く評価し、重用した人物です。抜擢にはこのようなリスクがともないます。つまり、世襲はその回避策でもあるのです。

三〇年後の追放

このように、家臣の裏切りを恐れた戦国大名は、家臣に対して必要以上に気を遣《つか》っています。家臣一人一人はもともと在地領主であり、彼らをまとめ上げて統率したのが戦国大名ですから、家臣たちにそっぽを向かれるとお手上げです。実際、家臣たちに見限られた山名豊国《やまなとよくに》（第二部で詳述）の例もあります。なので、「今度の戦《いくさ》に勝ったら、おまえたちにこれだけ与えるから」などと時折、人参《にんじん》をちらつかせて求心力を保つ必要がありました。

六角氏の分国法「六角氏式目《ろつかくしきもく》」では、家臣に「これを守れよ」という法令ではなく、逆に「あなた方、家臣の権利はこうして守ります」という約束事が条文になっています。たとえば、「審理を行なわずに一方的に裁決してはならない」などとあります。そのようなことをすれば、家臣の不平・不満につながり、彼らに去られたり、下剋上に遭《あ》ったりするからです。まさに、家臣あっての大名なのです。

これに対し、織田信長は古くから仕える家臣、たとえば柴田勝家、丹羽長秀らを気遣ったり、忖度《そんたく》したりする意識が欠けています。その信長でも、佐久間信盛と林秀貞を追放するのに、その断を下す時期を選んでいます。それも三〇年間、じっと待っていました。

一五八〇（天正八）年、一〇年間続いた石山本願寺との戦いに、信長が望まない講和という形で終止符が打たれたあと、信長は信盛に一九条からなる折檻状《せつかんじよう》を突きつけ、高野山に追放しました。折檻状には司令官として、本願寺を軍事力で圧倒できなかったことだけでなく、約三〇年にわたる不行跡《ふぎようせき》の数々が認《したた》められていました。信盛は信長に口答えをして激怒されたことがあり、その一件も記されていました。同年、秀貞も二四年前に信長を排除して、弟・信勝に家督を継がせようとした一件を持ち出されて、追放されます。

この追放劇を、どう解釈したらいいのでしょうか。信長の性格がねちっこいから、では片づけられない問題です。長期間、処罰を下さなかったのは、信長の譜代の家臣に対する気遣いだったのでしょうか。

私はこう考えています。信長は、尾張を平定するまでに長い年月を要しました。親族とも血で血を洗う戦いを繰り広げています。政権は、緊張感に満ちたものだったでしょう。そのような時に、重臣二人を処罰すれば、家中が動揺してバラバラになると考えたのではないでしょうか。

また、戦線が拡大している時には人材がいくらいても足りません。それこそ、猫の手でも佐久間の手でも借りたい。ましてや、「天下布武《てんかふぶ》」を掲げ、全国統一という目的を定めてからは、その足固めができていないうちの処罰は、目的実現に悪影響をおよぼすと判断したのでしょう。しかし、羽柴秀吉、明智光秀などが育ち、家臣団も充実してきた。さらに本願寺という目の上のたんこぶも取れた。もはや、佐久間（の機能）も林（の機能）も不要だ——。そう考えて、信長は処罰の断を下したのではないでしょうか。実に信長らしいとも言えます。

桶狭間の戦いは奇襲ではない

織田信長が一躍、戦国時代のメインストリートに躍り出るきっかけとなったのが、桶狭間の戦い（一五六〇年）の勝利です。

この戦いは、織田軍三〇〇〇（二〇〇〇など諸説あり）と駿河国・遠江国《とおとうみ》（現・静岡県西部）の守護大名・今川義元軍二万五〇〇〇が戦い、激しい風雨に乗じた織田軍が今川軍本陣を奇襲して義元を討ち取った、とされています。

戦いの発端はさかのぼること八年前、信長の父・信秀の死去直後に、三河国《みかわ》（現・愛知県東部）との国境に近い、知多《ちた》半島北部にある鳴海《なるみ》城、笠寺《かさでら》城（共に現・愛知県名古屋市）を守る山口教継《やまぐちのりつぐ》・教吉《のりよし》父子が、今川氏に寝返ったことでした。信長はただちに八〇〇の軍勢を率いて鳴海城奪還のために出陣し、山口軍と赤塚《あかつか》（同）の地で衝突します（赤塚の戦い）。記録上、信長が当主になってはじめての合戦でした。山口軍はおよそ一五〇〇。攻防の決着はつかず、信長は軍を返します。鳴海城を奪い返せなかったのですから、信長の負けです。

その後、鳴海城は今川氏の橋頭堡《きょうとうほ》となり、山口父子によって周辺の大高城《おおだか》（現・愛知県名古屋市）、沓掛城《くつかけ》（現・同県豊明市）も今川氏の手に落ちました。その後、今川氏は利用価値がなくなった山口父子を殺し、鳴海城には譜代の岡部元信《おかべもとのぶ》を送り込みます。

義元の狙いは、知多半島を今川領にすることにありました。鳴海城を取ることで、知多半島は尾張から分断されます。伊勢湾東岸にあたる知多半島が今川領になることは、海運の要衝を押さえられることになり、織田家の財政を支えていた津島湊が侵略の危機に晒され、重大な脅威となります。信長が逆襲に動いて勃発したのが、桶狭間の戦いです。

信長は鳴海・大高城の奪還を目指して、それぞれに前線基地（付城《つけじろ》）として五つの砦を築きます。実は、五つの砦は〝撒き餌《まえ》〟でした。信長は、義元が砦を粉砕するために大軍を分散させる隙を衝いて、義元の首を狙ったのです。

大高城攻城の前線基地である鷲津《わしづ》・丸根《まるね》の両砦から、今川軍の攻撃が始まったとの報が入ると、信長は一気に動きます。重臣たちには、作戦についてはいっさい明かしていません。織田家にあってすでに絶対権力者となっている信長は、独断専行を常《つね》としていました。

清洲城《きよす》（現・愛知県清須市《きよす》）を出陣した時、従う者は五騎にすぎませんでした。途中、後続の兵を待ち、約三〇〇〇が集まったところで戦いに挑みます。家臣たちを置いてきぼりにして少数で進撃するというパターンは、このあともしばしば見られました。主将が先頭に立って軍を素早く移動させるこのパターンは、豊臣秀吉に引き継がれています。

いっぽう、五月一二日に駿府《すんぷ》（現・静岡市）を出陣した義元は一九日、桶狭間の南方にある小高い丘陵に本陣を布《し》きました。織田軍は、そこを急襲します。狙いは敵の大将の首一つ。そして見事に、義元の首級《しるし》を挙げるのです。総大将の義元が戦死したことで今川軍は戦意喪失し、織田軍が完勝しました。

しかし、本当にわずか三〇〇〇の軍が二万五〇〇〇の大軍に立ち向かい、しかも奇襲で勝利したのでしょうか。

検証してみましょう。そもそも、両軍の著しい兵力差が怪しい。今川軍の二万五〇〇〇は、今川氏の石高からすれば多すぎます。今川氏は駿河国一五万石、遠江国二五万石、三河国三〇万石の計七〇万石です。この石高だと、二万の兵はひねり出せないはずです。戦死した重臣たちを見ると、ほとんどが遠江国の武将でしたから、今川氏の本拠である駿河国からの出兵は少なく、今川軍の主力は遠江兵、三河兵であったと推測できます。となると、せいぜい一万五〇〇〇でしょう。

織田軍の数字にも嘘があります。尾張国は五七万石ですが、この頃の信長は尾張国を平定していたとはいえ、動員力は一〇〇パーセントではありません。仮に七〇パーセントとすると、織田軍は一万くらいです。織田軍一万対今川軍一万五〇〇〇が実数と思われます。しかも、信長は智謀をめぐらして今川軍を分散させていますから、両軍の兵力は拮抗していました。織田軍に相対した義元本隊はおよそ五〇〇〇と見られます。

このことは、今川軍の被害状況からもわかります。部隊長である武将クラスがほぼ戦死しているのです。戦死者が偏《かたよ》っていない、つまり奇襲ではなく、正攻法の戦いだったのです。実際、藤本正行《ふじもとまさゆき》氏が主張しているように、『信長公記』は「雨も止んでからの正面対決での戦闘だった」と記しています。奇襲戦を行なう必要はまったくなかったのです。

通説では、義元がいる場所を突き止めた、梁田政綱《やなだまさつな》の情報収集が一番手柄とされています。しかし、この逸話は桶狭間の戦いが奇襲であることが前提になっています。奇襲でないなら、それは創作となります。

いずれにせよ、この勝利は信長の非凡な才によるものであることは間違いありません。信長は勝つための戦略をみずから考え、その目的を完遂したのです。なお、この戦いに似ているのが、後年、江戸幕府と豊臣方の間で行なわれた大坂夏の陣です（一六一五年）。敵よりも兵数に劣る軍勢を率いた真田信繁は徳川家康の首のみを狙い、まっしぐらに本陣に突っ込みました。

信長は一四歳の初陣以来、多くの戦歴を重ねてきました。劣勢で戦ったり、自分が最前線に立ったりしたこともありました。それらの経験から、合戦における本質を見抜いたのでしょう。

仮に、桶狭間の戦いが奇襲だったとしても、信長は以降、奇襲にもとづく合戦は行なっていません。戦いに確実に勝つためには、相手方の三倍の兵力を備えることが大原則です。また、優れた武器を大量に兵に持たせることも必要条件です。その後の信長は、相手を圧倒する数の兵を動かし、機を逃さずに神速《しんそく》のごときスピードで攻勢をかける戦い方をしています。つまり、勝つべくして勝つ戦法を採用・駆使したのです。

織田軍の規模

桶狭間の戦いから二年後となる一五六二（永禄五）年、今川方だった武将・松平元康《もとやす》（のちの徳川家康）は信長の居城である清洲城を訪れ、両者の間で軍事同盟が締結されました。いわゆる清洲同盟《きよすどうめい》です。これにより、東方への心配がなくなり、信長の目は西方へと向かいます。

まずは隣国の美濃国です。信長は一五六一（永禄四）年から、美濃攻めを続けていましたが、そのたびに要害・稲葉山城《いなばやま》（現・岐阜市）に籠《こも》る斎藤義龍《よしたつ》（道三の長男）・龍興《たつおき》父子に跳ね返されていました。しかし、一五六七（永禄一〇）年、斎藤家の有力家臣で「美濃《みの》三人衆《さんにんしゅう》」と呼ばれた安藤守就《あんどうもりなり》、稲葉一鉄《いなばいってつ》、氏家直元《うじいえなおもと》らの内応があり、信長は好機と捉《とら》えて突如、挙兵します。

信長の急襲は龍興の油断を衝いたもので、織田軍は城下の井ノ口《いくち》に放火し、稲葉山城を裸城《はだかじろ》にしてしまいました。翌日、包囲戦に入ると、わずか半月で稲葉山城はあっけなく落城しました。龍興は伊勢長島《いせながしま》（現・三重県桑名市《くわな》）に敗走しました。安藤ら三人は内応の証《あかし》として人質を差し出したのですが、その人質が到着しないうちに、織田軍は稲葉山城を攻撃したのです。あまりの速攻に、三人が度肝《どぎも》を抜かれたとか。

このように、信長の戦い方は、好機を逃さない「スピード攻撃」を特徴にしていました。稲葉山攻城戦の軍勢の規模は不明ですが、以降は「圧倒的な大軍編成」が加わり、スピード攻撃と対《つい》をなすようになります。機動力と多くの兵力で、敵に迎撃の準備をする時間を与えずに撃破するわけです。

織田軍の動員力は、最盛期の石高約八〇〇万石弱から推測すると、およそ二〇万となります。敵を圧倒するのであれば、一〇万の大軍で押し寄せるのもありだと思うのですが、三万～五万の軍勢で動くことが多く、一〇万を超える軍勢は稀でした。ここには、兵站の問題がありました。

序章でも述べたように、信長は戦国大名のなかで逸早く輜重隊を常設しており、兵は食糧（兵糧）や軍需品を携行することは基本的にありませんでした。しかし、一〇万を超える大動員となると、運搬もさることながら、食費（兵糧代）が莫大になります。

たとえば、一人一日三合の米を一〇万人が食べると、三〇万合の米が必要となります。一合一五〇グラムとして四・五トンにもなります。これを現代のお金に換算してみましょう。仮に一キログラム五〇〇円の米としても、兵糧代は一日二二五〇万円です。戦いは一日では終わりません。仮に一ヵ月かかると六億七五〇〇万円になります。戦争には他にも経費がかかりますから、信長といえども、そうは簡単に一〇万人超えの動員はできなかったのです。

斎藤龍興が美濃を去ると、信長は本拠を小牧山城《こまきやま》（現・愛知県小牧市）から稲葉山城に移し、井ノ口を「岐阜」と改めました。岐阜という地名の由来については諸説ありますが、信長の改称以前から、禅僧の間で「川（木曽川）の北側にある丘陵」を意味する「岐《ぎ》阜陽《ふよう》」、または略されて「岐陽《きよう》」と呼ばれていたというのが有力です。

信長が天下布武の印章を使い始めたのもこの頃で、翌年の一五六八（永禄一一）年には足利義昭の求めに応じて、上洛軍を率いて岐阜を出立します。上洛軍の主力を構成したのは柴田勝家、佐久間信盛、森可成《もりよしなり》、丹羽長秀、木下秀吉らでした。

最初の天下人は信長ではない!?

信長の上洛まで京都を支配し、「三好政権」と呼ばれる独裁政権を樹立した三好長慶は、下剋上の代名詞とも言える戦国大名です。

長慶は、管領を務めていた細川晴元《はるもと》のもとで力を蓄えると、主君・細川氏に反旗を翻し、さらに将軍をも凌ぐ権力者へと上り詰めました。京都近隣を掌握し、最盛期の勢力圏は、山城国、大和国、摂津《せっつ》国（現・大阪府北中部、兵庫県南東部）、河内《かわち》国（現・大阪府南東部）、和泉《いずみ》国（現・大阪府南部）の五畿内に加え、丹波国、丹後《たんご》国（現・京都府北部）、播磨《はりま》国（現・兵庫県南西部）、淡路《あわじ》国（現・兵庫県淡路島）から、阿波《あわ》国（現・徳島県）、讃岐国にまでおよびました。

この長慶は昨今、信長に先駆けた「戦国時代初の天下人」として再評価されています。三好長慶天下人説を支持する研究者は、「日本統一」より「京都支配」を重視しています。彼らは、「三好長慶は本拠地の阿波国を出て上洛して京都を押さえた。岐阜から上洛して京都を押さえた織田信長と変わりがない」「天下統一とは京都支配を意味し、日本全国に君臨して支配することではない」「信長は足利将軍を担いで畿内で力を振るおうとしていただけで、室町幕府のシステムを否定していない」と主張します。

このように現在、学会の主流は「信長は特別な戦国大名ではない」との評価です。これに対して、私は「信長が特別でなければ天下統一はない。天下が日本全体を指している用例は鎌倉時代から普通にある」と反論するのですが、「戦国時代に限れば、天下＝畿内です」と言い返されます。

権力が軍事力（兵力）と表裏一体の関係にあることは言うまでもありません。長慶と信長の兵力に着目すると、二人の違いは明らかです。長慶は畿内で合戦を重ねながら、確固たる権力を築き上げていきました。その戦いはいずれも規模が小さく、兵の動員力は「千」単位です。対して信長は、「万」単位の軍勢を動かしています。信長に限らず、今川氏も武田氏も北条氏も「万」単位の軍勢を編成していました。「千」単位の軍勢では畿内でのリーダーシップの確立が精一杯です。

しかも信長は数万の軍勢を動員できるだけでなく、関東、北陸、中国、四国と全国を視野に方面軍を編成しました（後述）。その目的は全国統一であることは明らかですから、長慶と信長が同じ存在であるはずがない、というのが私の考えです。

そもそも、信長が特別な戦国大名ではなく普通の戦国大名だとするなら、なぜ戦国時代を終わらせることができたのでしょうか。この問いに、答えることができなくなってしまいます。

天下統一より自国ファースト

「天下＝畿内」であり、織田信長の上洛の目的は京都支配にあった――。この説への反論には、信長の越前侵攻も挙げられます。信長は上洛から二年後の一五七〇（元亀元）年、越前国を支配していた朝倉義景と戦いました。

信長によって上洛を果たす前の足利義昭は義景の庇護下にあり、「私を京都に連れて行って」と上洛を渇望していました。そして、上洛の際の警護を義景に要請します。しかし、義景は断《ことわ》ります。義景は上洛にも、京都にも、まったく関心がなかったのです。京都に興味がない義景に、天下取りの大望があったとはとても思えません。

自国ファースト、すなわち自国を守ることを一番に考えていたのが、普通の戦国大名です。その代表例が薩摩《さつま》国（現・鹿児島県西部）の島津義久で、「京都？　そんなの関係ねぇ」とばかりに九州で暴れ回りました。

もし信長の上洛の目的が京都支配であったなら、越前に攻め込む必要はありません。だって、義景は京都に興味がないのですから。また、京都を重要視するなら、信長が上洛後にすべきことは、京都の北西に位置して防衛上の要衝である丹波国の掌握です。もともと、丹波国は強力な戦国大名が生まれないほど、国人が割拠していました。彼らは状況次第で敵にもなるし味方にもなる厄介な存在で、都の政治に大きな影響を与えていました。ここを平定しなければ、京都支配は不安定になります。

しかし、家臣の明智光秀が亀山《かめやま》城（現・京都府亀岡《かめおか》市）を築き、丹波平定の拠点にしたのは、信長が上洛してから七年後の一五七五（天正三）年でした。その平定は、困難をきわめ、四年間もかかっています。

越前国は信長の本拠地・美濃国の隣国ですから、そこへの侵攻は「天下＝全国」統一を狙う第一歩だった、と私は見ています。

信長包囲網の真実

信長は越前侵攻後、朝倉義景、浅井長政、武田信玄、三好三人衆、顕如《けんにょ》（石山本願寺の第一一世宗主《そうしゅ》）、一向宗《いっこうしゅう》（浄土真宗《じょうどしんしゅう》本願寺派）らと政治的・宗教的・地政学的要素を含ん

だ抗争を繰り広げました。のちには、信長の庇護を受けていた第一五代将軍・足利義昭も信長と対立し、各地の大名に糾合を説く文書を発給するようになります。信長の天下統一事業を阻《はば》む、いわゆる「信長包囲網」です。

ただ、包囲網といっても、それを主導・強制できる人物はおらず、強固な連携による共同戦線でもありませんでした。義昭が中心人物のように見えるかもしれませんが、義昭には自前の軍事力がなく、将軍名で文書を発給しても強制力がありません。ですから、反信長の立場を取る諸大名らの思惑による、同時多発的な抗争にすぎません。信長が天下統一に向けて領土を広げていけば、敵は多くなり、その数だけ合戦も勃発したのです。

信長包囲網なるものは、本能寺の変まで三次にわたって続きます。

第一次包囲網とされるのは、金ヶ崎の戦いにおける織田軍の撤退を好機と捉えた浅井長政、朝倉義景、三好三人衆、六角義賢、顕如らの蜂起です。信長が摂津国で三好三人衆と戦っている最中、本願寺が突如、攻撃をしかけてきます。本願寺に手こずっていると、その隙を衝いて、浅井・朝倉軍が京都に進出します。信長は本願寺との戦いを切り上げて、浅井・朝倉軍との対決のために京都に向かいます。

こちらを叩けばあちらからも出てくる、まるでもぐら叩きのようです。四方は敵だらけで、織田軍は各地で苦戦を強《し》いられました。浅井・朝倉軍は比叡山の延暦寺《えんりやくじ》(現・滋賀県大津《おおつ》市)に籠ると、信長は比叡山南方の宇佐山《うさやま》城(同)に本陣を構えます。両軍は三カ月近く睨《にら》み合いを続けました(志賀《しが》の陣)。この間に顕如の指示により、伊勢長島で一向《いっこう》一揆《いっき》(一向宗門徒《もんと》である農民、国人、僧侶らの連合体と戦国大名との抗争)が勃発します。

この時が、信長の生涯最大の危機でした。結局、信長は朝廷と足利義昭に調停を依頼し、和睦に持ち込みます。朝廷と将軍の権威を利用したわけです。以降、信長は同様の方法で幾度も窮地を切り抜けています。

第二次包囲網なるものは一五七二(元亀三)年、武田信玄の挙兵(西上作戦《せいじょうさくせん》)に呼応して、またぞろ反信長勢力がそろったことを指しています。具体的には浅井長政、朝倉義景、三好三人衆、六角義賢、顕如、延暦寺に加え、それまで織田方だった三好義継《よしつぐ》、松永久秀、さらには待遇に不満だった足利義昭も加わっています。彼らは、戦国最強と謳われた武田軍なら信長を倒せる、と考えていたのです。

同年一二月、三方《みかた》ヶ原《はら》(現・静岡県浜松《はままつ》市)で武田軍と徳川・織田連合軍が激突し、徳川・織田軍が敗北します（三方ヶ原の戦い）。ところが翌一五七三（天正元）年四月、武田軍は撤退を始めるのです。信玄の病没がその理由ですが、この事実は当初、伏せられていました。武田軍が甲斐国に戻ると、第二次包囲網なるものはあっけなく瓦解してしまいます。

その後、状況は一変。八月には浅井長政と朝倉義景が信長との戦いに敗れ、共に滅亡。松永久秀も信長に降伏します。こうして、反信長勢力はそれぞれ無力化していきました。

「戦国時代の終わり」はいつか

一五七三（天正元）年、第一五代将軍・足利義昭は信長によって京都から追放されます。ここに、二三七年続いた室町幕府は滅亡しました。

ところで、「戦国時代の終わり」については諸説あります。室町時代と江戸時代の間に「安土《あづち》・桃山《ももやま》時代」を入れて戦国時代と区別する考え方があり、織田信長と豊臣秀吉の名前を取って「織豊《しょくほう》時代」とも言います。この区分だと、信長が室町幕府を滅ぼした一五七三年が、戦国時代終焉の年になります。徳川家康が率いた幕府軍が豊臣秀頼《ひでより》を滅ぼした、一六一五（慶長二〇）年の大坂夏の陣を、戦国時代の終焉とする説もあります。

私は、前述の室町幕府滅亡の一五七三年、あるいは信長が安土城（現・滋賀県近江八幡《おうみはちまん》市）の建設を始めた一五七六（天正四）年を、戦国時代の終わりと考えています。

さて、第三次包囲網なるものは、足利義昭が安芸国《あき》（現・広島県西部）など中国地方一帯を支配していた毛利輝元《てるもと》のもとへと落ち延び、再起をはかった際に糾合した反信長勢力のことを指します。毛利輝元、上杉謙信、石山本願寺などを抱え込んだ、これまでを凌ぐ最大規模です。

一五七七（天正五）年、上杉軍は織田軍を手取川《てどりがわ》の戦い（現・石川県白山《はくさん》市）で撃破。謙信は次なる戦いに備えて大動員を決定するのですが、遠征の直前に突然、病死します。一五八〇（天正八）年には、宿痾《しゆくあ》だった石山本願寺との抗争も、正親町《おおぎまち》天皇の勅命により和議が成立しました。顕如は追われる形で石山本願寺を退去し、顕如の長男・教如《きようによ》が退去した直後、堂舎が二日一夜炎上し続けました。

さらに、武田氏も一五八二（天正一〇）年に滅亡。反信長勢力は結局、信長によって次々と撃破されていったのです。

信長が一向一揆を敵視した本当の理由

信長は、石山本願寺など宗教勢力との戦いに、多大なエネルギーを費《つい》やしました。延暦寺や興福寺《こうふくじ》（奈良市）などは平安時代中期以降、僧兵を擁して政治闘争を繰り広げ、歴代の為政者は手を焼かされてきました。白河上皇《しらかわじょうこう》は「天下三大不如意《てんかさんだいふにょい》」（自分の意のままにならないもの）として、「鴨川《かもがわ》の水、双六《すごろく》の賽《さい》、山法師《やまほうし》」を挙げています。山法師とは、延暦寺の僧侶のことです。

信長は、このことを十分に理解していたのでしょう。敵対した延暦寺、石山本願寺、一向宗に対して、激越な姿勢で相対しました。もっとも有名なのが、延暦寺焼き打ちです。一五七一（元亀二）年、織田軍は比叡山を囲むと、建物という建物を焼き尽くし、無抵抗の僧侶をはじめ、女性や子供まで撫《な》で切りにしました。死者数は『信長公記』には数千人、公家・山科言継《やましなときつぐ》の日記『言継卿記《ときつぐきょうき》』には三〇〇〇～四〇〇〇人と記されています。

一向一揆との抗争は、酸鼻《さんび》きわまる殲滅戦に行き着きました。一五七四（天正二）年の長島一向一揆では、総動員に近い大軍で籠城する一揆勢を包囲。兵糧攻めにした挙句、砦を丸ごと焼き、男女二万を殺したと言われています。

翌年の越前一向一揆では、朝倉氏滅亡（一五七三年）後の越前国で台頭した一向宗と対峙。織田軍は一万を超す一揆勢を討ち取り、数万を生け捕りにしたと言われています。一九三二年、福井県越前《えちぜん》市の小丸《こまる》城跡から、前田利家による一揆勢の処刑の様子を記した瓦《かわら》が出土しました。そこには「磔《はりつけ》や釜茹《かまゆ》でをして、一〇〇〇人殺した」と書いてありました。惨状が伝わってきます。

このように、信長は執拗《しつよう》に皆殺しを行なっています。大名どうしの合戦であれば、皆殺しによって敵を威嚇《いかく》し、戦闘意欲を挫《くじ》いて、戦いを有利に進める目的があります。ところが、信長の宗教戦は合戦が終わってから皆殺しにしており、あまりにも異様です。なぜ、ここまで敵視したのでしょうか。

前述のように、一向宗は浄土真宗本願寺派の門徒である農民、国人、僧侶などによって形成されていました。特に強固な信仰組織を築いたのが、自治的村落である惣村《そうそん》（惣《そう》）です。

鎌倉時代後期、近畿地方やその周辺部に農民による自治的村落が出現します。彼らは共同で用水路や入会地《いりあいち》（共有地）を管理。掟《おきて》を定めて、違反した者には制裁を課しました。村民は、「地主《ぢしゅ》」「名主《みょうしゅ》」と呼ばれる半農半武士のようなリーダー層、自立した「本百姓《ほんびゃくしょう》」「脇百姓《わきびゃくしょう》」、彼らの使用人である「下人《げにん》」の三階層で構成されていました。

戦国時代になると、自立性を高めた村落は惣村に発展していきます。村民は強い連帯意識で結ばれ、支配者の横暴にはしばしば一揆を起こしました。さらに大きな権力に対抗するために大きな結合体を求め、近隣の惣村どうしが結びついていきました。

こうした惣村に、一向宗が入ってくるとどうなるでしょう。一向宗の教義には「阿弥陀《あみだ》の前では皆平等」とあり、惣村の強い連帯意識と親和性があります。また、一向宗の布教方針に「地主を取り込め」があります。リーダーである地主を取り込めば、村落全体を取り込むことができるからです。つまり、惣村は一向宗を受け入れやすい構造にあったのです。こうして一向宗は惣村の形成が進んだ東海地方などにも広がり、石山本願寺の指令で一揆を起こし、各地の戦国大名と争うようになっていきました。

一向一揆勢の多くは、プロの戦闘員ではありません。鉄砲は多数装備していましたが、武器も織田軍に比べれば劣ります。それでも強かった。ゲリラ戦を得意にしていたこともありますが、最大の要因は「死んだら極楽浄土《ごくらくじょうど》に行ける」という信念が士気を高めたことです。

武家社会は、主人と従者との主従関係で成り立つ縦社会であり、ピラミッド型になっています。その構造が、一人の天下人を生むようになっています。いっぽう、一向宗は横社会です。彼らにすれば、天下人の存在は容認できません。信長が一向宗を敵視・危険視したのは、その抵抗もさることながら、天下人や大名の支配を受け入れない彼らの意識にあったのです。つまり、支配原理の衝突です。

一向宗と戦ったのは信長だけではありません。武田信玄も上杉謙信も徳川家康も戦っています。家康は、一揆勢に加わった家臣の帰参を許すこともしています。天下人となってからは、豊臣秀吉により京都に移転させられた本願寺を東本願寺と西本願寺に分けて、勢力の分断をはかりました。それだけ警戒し、恐れたのです。

武器と弾薬の独占

信長が鉄砲を合戦ではじめて使ったのは一五五四（天文二三）年、今川氏と戦った村木《むらき》砦の戦いでした。村木砦（現・愛知県知多郡《ちたぐん》東浦町《ひがしうらちょう》）は、今川方が築いた砦です。激戦の末、信長は勝利を収めています。

信長はその五年前には、砲術家の橋本一巴《はしもといっぱ》を召し抱えていました。一巴は、信長に鉄砲の撃ち方などを伝授します。また、のちに三大鉄砲生産地となる国友の専門集団・国友鉄砲鍛冶《くにともてっぽうかじ》を専属にすると、五〇〇挺の鉄砲を注文しました。信長は他の戦国大名に先駆けて鉄砲の有効性に気づき、鉄砲が軍事を根本的に変えるとの認識を持っていたのです。その予想通り、戦国時代後期には鉄砲の発展・普及により戦術、戦闘時間、甲冑《かっちゅう》、城郭などが一変しました。

桶狭間の戦いの前年である一五五九（永禄二）年、尾張国をほぼ統一した信長は初上洛を果たし、第一三代将軍・足利義輝に謁見します。二六歳の時です。帰路、堺に立ち寄った信長は国際商都の繁栄とダイナミズムに圧倒され、貿易の重要性を感じ取ります。当時、堺では日明《にちみん》貿易や南蛮貿易で大きな富《とみ》を手にした「会合衆《えごうしゅう》」と呼ばれる豪商たちによる自治が行なわれていました。堺は早くから鉄砲生産を手がけるなど、工業都市の顔も持っていました。

その九年後、ここまで何度か触れているように、信長は足利義昭を奉じて上洛し、義昭を第一五代将軍につかせました。義昭は副将軍や管領の就任を信長にすすめますが、信長は固辞し、堺、大津《おおつ》（現・滋賀県大津市）、草津《くさつ》（現・同県草津市）の支配権を得ます。

鉄砲に必要な黒色《こくしょく》火薬の原料となる硝石《しょうせき》は日本では産出しませんから、輸入に頼らざるを得ません。信長は堺の交易権を手にしたことで、これを独占的に入手できるようになったのです。堺の掌握は、硝石だけではなく鉄砲や弾丸の入手ルートの確立を意味します。信長は鉄砲を好条件で大量に買いつけることができるようになったのです。

大津は湖上（琵琶湖）物流の拠点、草津は東国への陸路交通の要衝です。つまり、流通路を押さえたわけです。

こうして、信長は鉄砲・弾薬を含めた物資をみずからのコントロール下に置き、それらが他の戦国大名へ大量に流れることを阻止しました。信長が畏怖していた武田信玄は鉄砲や弾丸、火薬の確保に苦しんでいましたから、この経済封鎖は有効でした。まさに「戦わずして勝つ」戦略と言えるでしょう。

軍事スペシャリストの育成

戦国時代後期から江戸初期にかけて、兵農分離《へいのうぶんり》が進みました。兵農分離とは、武士と農民を明確に分ける政策で、軍事面と経済面において効率を高めることを目的としたものです。武士は軍事スペシャリストして農業から離れて城下に集住するようになり、戦国大名は計画的な出兵および合戦が遂行できるようになりました。農民も徴兵から解放されましたから、農業生産力が上がりました。

信長は兵農分離においても、先進的な考え方をしています。信長は早くから、自分の手足となって働く軍事スペシャリストを育成していました。

信長が家督を継いだ頃、父・信秀に仕えた家臣の多くが離反するなか、家臣や国人などの次男以下で目ぼしい者たちを馬廻や小姓に取り立てると、親衛隊をつくります。彼らは合戦において目覚ましい活躍を見せ、たとえば劣勢で臨んだ弟・信勝との合戦（稲生の戦い）では、信長軍を勝利に導く原動力となりました。親衛隊出身者に、のち大名になった前田利家がいます。若い頃の利家は「槍《やり》の又左《またざ》」の異名を取った武闘派でした。

信長はさらに、農家の次男以下やあぶれ者を雇い入れると、足軽隊を編成します。跡を継いだ長男は農業に専従できるようになりましたから、農業生産も上がりました。

ただ、足軽に注目して戦闘集団として軍編成に導入したのは、信長が先駆者ではありません。関東管領《かんとうかんれい》・扇谷上杉《おうぎがやつうえすぎ》氏の家老で江戸《えど》城（現・東京都千代田区）の築城でも知られる、室町時代の名将・太田道灌《おおたどうかん》です。

道灌も革新的な軍事改革者で、戦国時代以前に「これから集団戦法の時代が来る。集団戦法では足軽が重要になる」と見抜きます。そして、足軽を組織的に雇用・訓練して常設軍をつくりました。彼らは無類の強さを発揮し、三十数度におよぶ戦いで一度も敗れたことはありませんでした。

信長は親衛隊だけでなく、家臣たちを城下に集めると、より大規模に組織的に改良していきました。常設軍の設置です。彼らには扶持《ふち》の形で給与が与えられていました。ここでも、給与計算にかかわる経済官僚が必要とされたのです。

富の源泉

一五六七（永禄一〇）年、信長は新たな経済施策を打ち出します。いわゆる楽市・楽座です。「楽」は自由、「市」は交易・売買を行なう場所、「座」は商工業者などによる同業者組合のことです。

座は中央の貴族や寺社と結びつき、座に所属する以外の者を排除していました。市においても、商人たちは煩瑣《はんさ》な手続きが求められ、自由に商売ができませんでした。領地内の商工業を統制したい戦国大名にとっても、座や市の特権は邪魔になる存在でした。

信長はそれらの特権を認めず、座に属さない新規の商人はもちろん、一定の納税さえすれば、基本的に誰もが自由に商売できるようにしたのです。敵対している国の人間でも、領内で商売をしたい者は受け入れました。この発想力、そして寺社からの反発を抑え込む実行力（軍事力）が、他の戦国大名を周回遅れにしてしまうのです。

楽市・楽座の制度は、信長が最初のように思われていますが、同様の制度は、近江国の戦国大名・六角定頼《さだより》が観音寺城の城下の市に発令したのが始まりと言われています（一五四九年。六角義賢の説もあり）。駿河国の戦国大名・今川氏真《うじざね》も行なっています（一五六六年）。

ただし、六角氏・今川氏と信長の施策は範囲の広さが違います。六角氏と今川氏が特定の市を対象にしたのに対して、信長は各地で行ないました。つまり、信長が支配した地域では例外や特権を認めず、すべて信長がつくったルールに従うことを強要したのです。それだけ信長の権力が大きかったことを示していますし、それが軍事力に裏打ちされていることは言うまでもありません。

楽市・楽座は経済活動が活性化しますから、町はヒト・モノ・カネで沸き返りました。領地は豊かになり、徴収する税も増えます。信長は序章で触れたように、津島湊と熱田湊などからも税を得ていました。これらの資金は軍事費の原資となり、武器の購入だけでなく、足軽など戦闘を専門職とする人間の雇用を促進しました。こうして、圧倒的な経済力は圧倒的な軍事力を生むに至ったのです。

長篠の戦いの革新性は、鉄砲より○○にあり

一五七五（天正三）年、織田信長・徳川家康連合軍は武田勝頼と設楽原《したらがはら》（現・愛知県新城市）で激突します。長篠の戦いです。

信長は、この戦いに足軽鉄砲隊、足軽弓隊、足軽長槍隊などを編成して臨みました。そ

して、最強と恐れられていた武田軍の騎馬隊の突撃を阻止するために、馬防柵《ばぼうさく》という野戦《やせん》築城《ちくじょう》を行ないます。野戦築城とは平地を要塞化する土木技術のことで、具体的には塹《ざん》壕《ごう》、空堀《からぼり》、植林などで防護性を高めます。

信長は岐阜城から、馬防柵に使う丸太を兵一人に一本ずつ持たせて運ばせました。事前の情報収集によって、設楽原一帯には丸太になるような樹木は少なく、現地調達ができないことがわかっていたからです。そして、設楽原中央を流れる連吾川《れんごがわ》の西岸に、約二キロメートルにわたって、丸太と縄で組んだ馬防柵を築きました。さらに、柵前には空堀を掘り、掘り出した土で土塁を築きました。

信長は、馬防柵内に足軽鉄砲隊を並べます。足軽にとって、一気に駆け抜けてくる騎馬武者は恐怖です。馬防柵によって、自分の身を守りながら、安心してあわてることなく狙いを定めて、鉄砲を撃つことが可能となったのです。そうしたうえで、一〇〇〇（三〇〇〇とも）挺もの鉄砲で一斉射撃を行ないます。しかし火縄銃は、弾丸の装塡《そうてん》に三〇秒ほどかかる欠点があります。その弾込《たまご》めの間も、馬防柵が敵の侵攻を防ぐ役割を果たします。

馬防柵、空堀、土塁で築いた陣地は、攻撃側からすれば城攻めをするようなもので、攻撃は困難をきわめます。戦いで確実に勝利を得るには、敵方の三倍の軍勢を必要とします。攻城戦ともなれば、それ以上の兵を動員しなければなりません。長篠の戦いにおいては、攻め方の武田軍が一万五〇〇〇、織田・徳川連合軍が三万七〇〇〇（三万八〇〇〇の説もあり）ですから、まったく逆でした。通常なら、撤退すべきです。

しかし信長は、武田軍が必ず攻撃してくるような策を講じていました。別動隊による、武田軍の背後にある武田方の鳶《とび》ヶ巣山《すやま》砦（現・愛知県新城市）への攻撃です。信長は家康の重臣・酒井《さかい》忠次《ただつぐ》に、鉄砲五〇〇挺を装備した自分の馬廻らをつけて、夜陰に紛れての奇襲を命じました。奇襲は成功し、別働隊は鳶ヶ巣山砦を占拠します。

武田軍本隊が設楽原で激闘中、鳶ヶ巣山砦陥落の報が勝頼にもたらされました。こうなると、武田軍は敗走するか、突撃を続行して織田軍を撃破するしか選択肢がありません。武田軍は鉄砲を据えた馬防柵に突進。次々と撃ち殺されていきました。鉄砲によって兵力を減殺された武田軍は、柵外に出てきた長槍隊などに殲滅されたのです。

長篠の戦いというと、鉄砲の集団・大量使用が注目されます。確かに、この戦いが他の戦国大名に与えた影響は大きなものがありました。それまで鉄砲に懐疑的な見方をしていた旧来の戦国大名も、考えを改めたからです。しかし、私は鉄砲の集団・大量使用より、馬防柵に代表される野戦築城にこそ、この戦いの革新性はあると考えています。

野戦築城による戦闘法は、織田軍がはじめて用いたとされていますし、それまでの合戦の常識では、兵全員で野戦築城を行なうことはありませんでした。その後、野戦築城は主流になっていきます。いっぽう、鉄砲の使用で、この時ほど鮮《あざ》やかな戦果が上がったことはありません。つまり、鉄砲という武器を有効活用するために行なった野戦築城にこそ、信長の天才性があるのです。

方面軍の編成

信長は一五七五（天正三）年、嫡男・信忠に家督を譲ると、翌年には天下布武の実現のために、各地の戦国大名と戦う「方面軍」を順次、編成していきました。それぞれが万単位の軍勢を擁した軍団であり、信頼する部将を司令官に抜擢しました。これにより、全国各地において同時進行で侵攻が可能になったのです。具体的に挙げましょう。

・織田信忠軍団　一五七三年編成、司令官・織田信忠。配下に河尻秀隆《かわじりひでたか》、森長可《ながよし》ほか。信長に家督を譲られる前に与えられた主力部隊。尾張国の一部と東美濃の支配、武田氏への抑え・侵攻。

・北陸方面軍　一五七五年編成、司令官・柴田勝家。配下に佐々成政《さっさなりまさ》、前田利家ほか。上杉氏への侵攻ほか。

・大坂方面軍　一五七六年編成、司令官・佐久間信盛。配下に松永久秀ほか。石山本願寺の勢力駆逐。方面軍で最大規模。一五八〇（天正八）年に信盛が追放されると消滅。

・中国方面軍　一五七七年編成、司令官・羽柴秀吉。配下に宇喜多秀家《うきたひでいえ》ほか。毛利氏への侵攻ほか。

・畿内方面軍　一五七九年編成、司令官・明智光秀。配下に細川藤孝《ふじたか》、筒井順慶《つついじゅんけい》ほか。信長の親衛軍。

・関東方面軍　一五八二年編成、司令官・滝川一益《たきがわかずます》。配下に上野《こうずけ》衆《しゅう》ほか。北条氏への侵攻ほか。

・四国方面軍　一五八二年編成、司令官・織田信孝《のぶたか》（信長の三男）。配下に伊勢衆《いせしゅう》ほか。本能寺の変の約一カ月前に編成。長宗我部氏への侵攻ほか。

これだけ大規模な方面軍が編成されたことは、それまでの戦国大名にはなかったことです。また、居城（本拠地）を次々に移したのも、信長の特徴です。

勝幡《しょばた》城（現・愛知県愛西《あいさい》市、稲沢《いなざわ》市）→那古野《なごや》城（現・同県名古屋市）→清洲城（現・同県清須市）→小牧山城（現・同県小牧市）→岐阜城（現・岐阜市）→安土城（現・滋賀県近江八幡市）

対して、武田信玄は甲斐国、信濃国、駿河国などを領有した晩年でも、その本拠は甲斐国の躑躅《つつじ》ヶ崎館《さきやかた》のままでした。信玄だけではありません。多くの戦国大名は領地を広げても、本拠地を変えていません。しかしそれでは、軍事面、特に兵站面から全国支配・占領は難しいでしょう。私が、〝本気で〟全国統一を考えていた戦国大名は信長ただ一人だと考える所以《ゆえん》です。方面軍の編成以降、信長は各方面軍を総攬《そうらん》し、みずから軍団を率いて指揮を執ることが少なくなりました。

信長の版図《はんと》は、方面軍の編成前である一五七五（天正三）年時点では一七カ国でしたが、七年後の本能寺の変前には約三〇カ国に増えていました。いよいよ全国統一がカウントダウンに入ったわけです。

本能寺の変がもたらしたもの

一五八二（天正一〇）年二月、織田軍と徳川軍は武田勝頼の領国になだれ込みます（甲州征伐）。総大将は信忠です。翌月、天目山《てんもくざん》の戦い（現・山梨県甲州《こうしゅう》市）で敗れた勝頼・信《のぶ》勝《かつ》父子は自害。ここに武田氏が滅亡しました。

同年六月二日未明、毛利氏と戦っていた羽柴秀吉の援軍を命じられた明智光秀は、本能寺（当時は現・京都市中京《なかぎょう》区元本能寺《もとほんのうじ》町）を襲います。そこには、わずかな供回《ともまわ》りを連れて宿泊していた信長がいました。信長は明智軍に包囲されたことを知ると、戦闘ののち、寺に火を放ち自害します。この時、信忠は本能寺から離れた妙覚寺《みょうかくじ》におり、信長から光秀の襲来を知らされています。その後、信忠は二条御所《にじょうごしょ》（のちの二条城）に移って抗戦しましたが、やはり火を放って自刃しました。

これが、本能寺の変の顚末《てんまつ》です。光秀の謀反の理由にはさまざまな説が流布《るふ》されていますが、本稿では触れません。私が取り上げたいのは「統治」です。統治とは、人民と国土を支配すること。具体的には秩序が守られ、人々が安心・安全に暮らせる社会を現出することです。天下人および為政者の本務は統治にあります。その統治の善し悪し、すなわち統治の質は世情が示しています。信長の場合、本能寺の変直後の世情が指標になります。

変直後、京都市中は不安と動揺で大混乱に陥りました。光秀が織田方の残党の探索の手を緩《ゆる》めなかったこと、この機に乗じて落ち武者狩りが出現したために、人々は難を逃れようと、大挙して御所に押し寄せました。明智軍や無頼《ぶらい》の徒《と》の手にかかった織田方残党の多くの死体が、市街に打ち捨てられました。

同日、堺に滞在していた徳川家康は京都に向かう途中に変を知り、急ぎ、領国の三河国に帰還しようとします。一行は酒井忠次、本多忠勝《ほんだただかつ》、榊原康政《さかきばらやすまさ》ら三〇人ほど。すでに、不穏な空気が漂《ただよ》っていました。一行は落ち武者狩りを警戒しながら、宇治田原《うじたわら》（現・京都府綴喜《つづき》郡宇治田原町）から伊賀《いが》国（現・三重県西部）を越えて、伊勢国を東に抜け、船で伊勢湾を渡って三河国に着いたとされています。いわゆる神君伊賀越《しんくんいがご》えです。

いっぽう、家康に随行していた穴山信君《あなやまのぶただ》（梅雪《ばいせつ》。武田氏の一族ながら、長篠の戦い以降に織田氏に服属）は帰路、別行動を取ったところ、落ち武者狩りに遭い、殺されています（自害の説もあり）。

また、各方面軍は逆臣・光秀を討つため、あるいは信長の死を知った敵方の攻勢が激しくなり、撤退を余儀なくされました。光秀自身も一三日、山崎《やまざき》の戦い（現・京都府乙訓《おとくに》郡大山崎《おおやまざき》町あたり）で羽柴秀吉に敗れると、敗走の途中、土民の襲撃により命を落としています。

このように本能寺の変後、世情は一気にアナーキーな無秩序状態になりました。悪事を働けば捕まる、人を殺せば裁《さば》かれるといったあたりまえの倫理意識を、人々は喪失してしまいました。いつどこで土民が襲ってくるかわからない、いい格好をして歩いていたら殺されてもおかしくない、そんな社会状況になってしまったのです。

カリスマ支配の限界

信長と言えば、多くの人がカリスマの像《イメージ》を結ぶと思います。これは、当時の人々も同様だったでしょう。

統治形態の一つに、カリスマ的支配があります。信長の父・信秀は、前述のように織田氏の傍流かつ守護代の家臣でありながら、尾張一国を代表する戦国大名に上り詰めました。その人間的な魅力や器量によって尾張をまとめ上げたと伝えられています。ところが信秀が亡くなり信長が家督を継ぐと、家中はバラバラになり、一族間の内紛が続きました。家臣は信秀だから臣従していたわけで、信秀がいなくなってしまえば、損得勘定からも、大うつけの信長から離れていくのは無理のないことでした。

カリスマ的支配は個人の器量・名声で保たれています。そして個人の器量による支配は為政者個人が亡くなれば、それまで築かれていた権威・権力は雲散霧消します。本能寺の変後の落ち武者狩りの跋扈《ばっこ》は、信長のカリスマ的権威が崩壊してしまったことに理由があります。

そもそも信長の統治には、信長が倒されると秩序がたちどころに崩壊する危険性をはらんでおり、その危険性は信長自身に潜んでいました。

信長の生涯は、弟・信勝の反乱をはじめとした織田家内部の軋轢《あつれき》との戦いでもありました。厚遇した松永秀久、荒木村重、明智光秀らは信長を裏切りました。宿老の佐久間信盛、林秀貞、稲葉山城攻略に多大な貢献をした安藤守就らを追放しました。仮に光秀が信長殺害に失敗しても、第二、第三の光秀が現れたであろうことは容易に想像がつきます。それだけ、信長の統治は不安定なものだったのです。

このことは豊臣政権、徳川政権と比べるとよくわかります。秀吉が亡くなっても無秩序状態には陥りませんでしたし、徳川家康が亡くなったあと、江戸幕府が揺らぐなどと考えた者は、大名から農民に至るまでほとんどいなかったでしょう。

しかし、信長の軍事をはじめとして発揮された革新的な発想は、同時代の戦国大名の常識をはるかに超えていました。天下統一が未完に終わったにせよ、戦国の世を変え、群雄割拠する戦国時代を終息させた信長の事績は、日本の歴史のなかで光彩を放ち続けています。

第二部

豊臣秀吉

――史上初の兵站システム、桁違いの規模とスピード

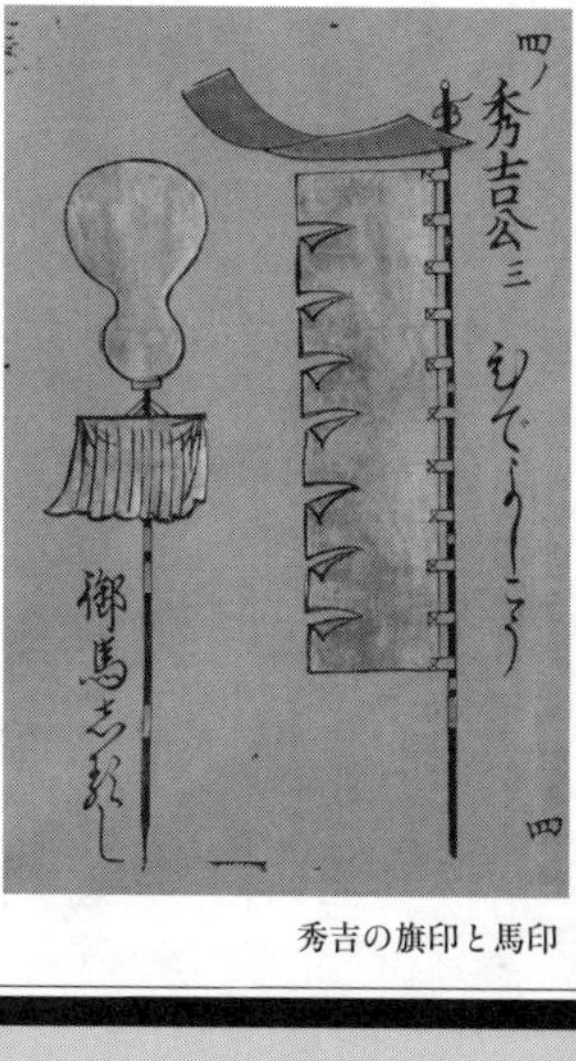

秀吉の旗印と馬印

なぜ信長の目に留まったのか

きわめて低い身分から天下人にまで、類を見ない出世をした豊臣秀吉。その出自は農民とも言われますが、確かな史実は示されていません。かろうじて、生年が一五三七（天文六）年とわかるだけです。通俗的に知られる、いわゆる日吉丸《ひよしまる》の逸話の多くは真偽不明の言い伝えか、創作でしょう。

一五歳の時に家を出て針売りの行商をしながら、諸国を放浪したという話も事実かはわかりませんが、人心《じんしん》の機微《きび》を捉えることに優れ、数字に強かった秀吉を彷彿《ほうふつ》させます。さまざまな人と交渉することで、人間は何を求めてどのように動くか、またきちんと数字で検証する能力を身につけたのでは、と想像できます。

秀吉は一五五四（天文二三）年、一八歳の時に織田信長に小者《こもの》（使用人）として仕えます。草履取《ぞうりと》りとして、信長の草履を懐《ふところ》で温《あたた》めたという話は、秀吉が織田家中で機転が利《き》く知恵者との評判を取っていたことを象徴するような伝説です。秀吉の精勤と気働《きばたら》き、人好きのする性格はやがて信長の目に留《と》まり、台所奉行などを命じられるようになりました。秀吉は、吏僚としての職務に邁進します。

一五六一（永禄四）年、秀吉は信長に仕える杉原定利《すぎはらさだとし》・朝日《あさひ》夫妻の次女で、信長の家臣である浅野長勝《あさのながかつ》の養女になっていたねね（のちの北政所《きたのまんどころ》）と結婚します。秀吉二五歳、ねね一四歳でした。当初、朝日から身分の差で反対されたものの、義兄となる家定《いえさだ》の後押しがあって無事結ばれています。当時には珍しい恋愛結婚だったとか。この頃は、木下藤吉郎を名乗っていました。

言い伝えによれば、秀吉は背が低く、顔は浅黒《あさぐろ》くて頰骨《ほおぼね》と顎《あご》が尖っていたようです。ねねの目には、小さな瞳をきらきらさせて愛嬌があり、軽妙な話術で笑わせ、まめな人と映っていました。

吏僚としていくら有能でも、世は戦国時代ですから、出世には限界があります。武功を挙げねば、主君はもちろん家中でも認められません。しかし体格が劣り、屈強とは言えない秀吉は、武功とは無縁でした。どのような経緯かは不明ですが、秀吉は、桶狭間の戦いの翌年（一五六一年）から始まった信長の美濃攻めに従軍し、敵方に誘降工作を行なうと、これを成功させています。

一五六五（永禄八）年、史料にはじめて「木下藤吉郎秀吉」が登場します。この頃には織田家の部将の一人に数えられ、秀吉の名を使っていたことがわかります。以降、織田家中で頭角《とうかく》を現していきます。

奇襲成功、城持ちになる

一五六七（永禄一〇）年、信長は美濃攻めの最終決戦、斎藤龍興の居城・稲葉山城攻城戦を行ないます。秀吉も部隊を率いて参加しています。

この頃に秀吉に仕えたのが、竹中重治《たけなかしげはる》（半兵衛《はんべえ》）です。のちに、黒田孝高《くろだよしたか》（官兵衛《かんべえ》）と共に「両兵衛《りようべえ》」「二兵衛《にへえ》」と称されました。二人とも「軍師」と言われることが多いのですが、その表現は正確ではありません。半兵衛にしても官兵衛にしても、帷幄《いあく》（作戦計画を立てる本営。戦場で幕をめぐらせたことが語源）にあって、作戦を練ることが主な任務ではありません。作戦について進言し、それによって秀吉が助けられたことは間違いないでしょうが、部隊を率いて戦場に出ることが主たる役目でした。

その後、秀吉は第一部で触れたように、箕作城攻め（一五六八年）、金ヶ崎の退き口（一五七〇年）などで武功を挙げ、信長に認められるようになりました。

一五七〇（元亀元）年、姉川流域《あねがわ》（現・滋賀県長浜市）で、織田信長・徳川家康連合軍二万三〇〇〇と浅井長政・朝倉義景連合軍一万三〇〇〇が激突しました。いわゆる姉川の戦いです。激戦の末に織田・徳川連合軍が勝利しました。信長は秀吉を、長政から奪った横山《よこやま》城（同）の城代《じょうだい》に命じます。この城は長政の居城・小谷城（同）に近く、浅井氏と対峙する要地であり、最前線です。抜擢と言っていいでしょう。

三年後となる一五七三（元亀四）年、秀吉は織田家の宿老である丹羽長秀、柴田勝家から一字ずつ取って、「木下」から「羽柴」に改姓します。秀吉の織田家中での地位は、丹羽長秀、柴田勝家、佐久間信盛、明智光秀らトップグループと肩を並べるまでになっていたのです。なお、羽柴への改姓はこれまで一五七二年が定説でしたが、二〇一五年の文書発見により現在は一五七三年が有力視されており、私もこれを支持しています。

同年、信長は浅井攻めのため、三万の兵で北近江に侵攻。長政の援軍要請に応じた義景は、二万の大軍を率いて駆けつけました。しかし、織田軍が次々と城を陥落させると、義景は撤退。信長はそのまま義景を追い、本拠である一乗谷《いちじょうだに》城の戦い（現・福井市）において、朝倉氏を滅亡させました。

信長は取って返すと、小谷城を攻囲します。小谷城は本丸《ほんまる》、京極丸《きょうごくまる》、中丸《なかまる》、小丸《こまる》など複数の曲輪《くるわ》が連なる山城です。本丸には長政、小丸には父の久政《ひさまさ》がおり、二つの曲輪が連携することで防備を固めていました。秀吉は浅井父子の連携を断《た》ち切るために、本丸と小丸の間に位置する京極丸を奇襲、これを陥落させます。続いて小丸を攻撃し、久政を自害に追い込みました。

長政は死を覚悟し、妻・お市の方と三人の娘・茶々《ちゃちゃ》（のちの淀殿《よどどの》）、初《はつ》（のちの京極高次《きょうごくたかつぐ》夫人）、江《ごう》（のちの佐治《さじ》一成《かずなり》・羽柴秀勝《ひでかつ》・徳川秀忠《ひでただ》夫人）を、信長のもとに送り届けます。長政は二日ほど抵抗を続けたあとに自害。浅井氏も滅亡しました。一〇歳の嫡男・万福丸《まんぷくまる》は落城前に落ち延びたものの、後日捕らえられ、信長の命により殺されています。

戦後、信長は小谷城攻めで功績のあった秀吉に、浅井氏の旧領・江北《ごうほく》三郡の支配をまかせます。秀吉は、「今浜《いまはま》」を信長の名を一字拝領して「長浜」に改めると、長浜城（現・滋賀県長浜市）を築城しました。信長に仕えて一九年、三七歳にしてついに城持ちとなったのです。長浜城主となった秀吉は人材発掘に努め、石田《いしだ》三成《みつなり》、加藤清正《かとうきよまさ》、福島正則らを積極的に登用していきます。秀吉の人材登用法については後述します。

四つの軍事革新

吏僚上がりで、戦《いくさ》経験が乏しかった秀吉が勝ち続けることができたのはなぜでしょうか。

それは「事上磨錬《じじょうまれん》」にあります。これは、陽明学《ようめいがく》を提唱した中国明《みん》代の儒学者・王陽《おうよう》明《めい》の教えで、実際の行動や実践を通して知識や精神を磨《みが》き修養するという意味です。

秀吉は戦場という修羅場で思考をめぐらし、現状を突破しようとしました。「好機・勝機は現実のなかにある」と考え、勝利への最適解を導き出せることが、秀吉の卓越した軍事的才能だと私は考えています。

秀吉の将才は、部将として前半生でたびたび行なった奇襲や夜襲などの戦術面より、城持ちとなって一軍を率いるようになってからの戦い方、たとえば攻城戦での兵糧攻めのように戦略面において真骨頂があります。

戦術とは、どのような場所を選んでいかに兵を運用するかであり、合戦の勝敗を直接的に左右します。いっぽう戦略は誰と何のために戦うのか、どうすれば終結するのかを考察するもので、それは政治でもあり、外交とつながります。
秀吉の軍事面で優れていた点、革新的だったのは次の四点です。

①圧倒的な兵站力
②大軍による機動戦
③攻勢限界点の見きわめ
④文民統制

①から説明しましょう。序章でも述べたように、兵站とは前線に軍需品、食料、馬などの供給・補充を行なうことですが、その予算立案・管理も重要な任務です。兵站力で軍事革新を起こしたのは織田信長ですが、スケールやアイデアにおいて、秀吉は信長を凌駕《りょうが》しています。金と時間がかかっても、確実に敵を降《くだ》して味方の勢力を温存する――。これを可能にする圧倒的な兵站力は、秀吉の戦略の大きな特徴です。
なかでも食料の補給を重要視していた秀吉は、自軍だけではなく敵軍の兵站力をも考慮

していました。その最たるものが、次項で詳述する兵糧攻めです。

長征の場合は、その途次に補給拠点をつくり、物資の輸送方法のシステム構築をしました。また、諸大名との連合軍を構成する場合、中央の豊臣政権が全軍の兵站を担うのですが、その規模も方法も日本戦史上はじめてのものであり、秀吉が行なった最大最強の軍事革新と言っていいでしょう。

②の大軍による機動戦で敵を圧倒する戦法は、信長が得意としたところです。しかし、その大軍が一〇万を超えることはほとんどありませんでした。いっぽう秀吉は、二〇万の将兵を動員することもありました。それを可能にしたのが、前述の兵站システムです。

③の攻勢限界点（攻撃の限界点）とは、攻撃によって得られる優勢の限界点（頂点）のことです。『戦争論』などの著書で知られる一九世紀の軍事学者クラウゼヴィッツは、攻撃で優勢に立っていても、その頂点に達すれば、以降は戦闘力が消耗して攻防の優劣が交代することもあるため、攻撃側が優勢であるうちに、講和などの手段で目的を達成する必要があることを説いています。

信長は、相手を殲滅するまで攻撃の手を緩めませんでした。いっぽう秀吉は、戦況の頃《ころ》合《あ》いを見て外交に持ち込み、講和の道を探りました。事態の早期解決です。このことが、本能寺の変から小田原征伐（小田原攻め。後述）まで八年という短期間で、秀吉が天下人になることを可能にしたのです。

④の文民統制とは、統治方法です。クラウゼヴィッツは「戦争とはあくまでも政治の一手段でしかない。政治の手段には外交や経済政策などもある。ゆえに軍事は政治に従属しなければならない」と論じました。つまり、政治が軍事の上位にあって「国のかたち」をつくるという、文民統制（シビリアン・コントロール）よる統治の重要性を言及しているのです。クラウゼヴィッツよりも二〇〇年も前に秀吉がこのような思想を持っていた、と言うのは持ち上げすぎかなあ。

「干し殺し」と「渇え殺し」

秀吉の革新的な戦い方を具体的に見てみましょう。織田信長は一五七七（天正五）年、秀吉に中国攻めを命じます。敵は、中国地方西半分を支配していた毛利輝元です。中国攻めでは、秀吉の三大城攻めとして「三木《みき》の干《ほ》し殺《ごろ》し（干《ひ》殺《ごろ》し）」「鳥取《とっとり》の渇《かつ》え殺《ごろ》し」「高松城の水攻め」が知られています。

三木の干し殺しとは一五七八（天正六）～一五八〇（同八）年、三木城（現・兵庫県三木市）に籠城した城主・別所長治《べっしょながはる》らに対して行なった兵糧攻めのことです。

当時、播磨国の武将たちは織田氏、毛利氏と友好関係を結んでいました。長治は当初、信長についていましたが、毛利側に寝返ります。謀反の理由は、信長や秀吉への不信などいくつか説があり、定かではありません。

三木城には、家臣の家族や一向宗門徒を含め七五〇〇人が集まっていました。織田軍は城を包囲すると、支城を落としていきます。日増しに食料補給が困難になるなか、秀吉は本格的な兵糧攻めに入ります。城内ではやがて、備蓄していた食料が底をつき、牛や馬なども食い潰しました。一五八〇年一月、別所一族の切腹と引き換えに城兵の命を助けるとの条件を呑《の》み、長治と弟の友之《ともゆき》は切腹し、開城しました。これにより、別所氏は滅亡。なお、陣中において、秀吉配下の竹中半兵衛が病死しています。

三木城陥落の余勢を駆り、秀吉は二万の大軍を率いて毛利方の鳥取城（現・鳥取市）を囲みます。一五八〇（天正八）年のことです。四カ月後、城主・山名豊国は抗戦を主張する家臣を置き去りにして城外に出ると、秀吉の陣中に赴き、助命されます。翌年三月、家臣たちは毛利方の武将・吉川経家《きっかわつねいえ》を城主として迎え入れました。経家は抗戦・籠城を決断します。

これに対して、秀吉は兵糧攻めを用いました。ただ、三木城のケースのように長丁場になることを恐れ、策を講じました。若狭国《わかさのくに》（現・福井県南西部）から商船を鳥取に向かわせると、米穀を通常の数倍の価格で大量に買い付けさせたのです。農民たちは喜んで売りました。城内も、すぐに買い戻せばいいだろうと、備蓄していた兵糧を売ってしまいました。

さらに秀吉は、「織田家に逆らった領主の民《たみ》は農民とて皆殺しにする」という噂を流します。農民は恐怖に駆られ、城に逃げ込みます。そうしたうえで、鳥取城へのすべての兵糧運搬ルートを封鎖し、二万の大軍で鳥取城を包囲したのです。

鳥取城内には、領民を含む四〇〇〇人が籠っていました。秀吉は付城を築くと、そこで煮炊《にた》きをして、その様子を彼らに見せました。心理的なダメージを与えるためです。

経家が入城して七カ月後、城内の草木、小動物、馬など食料となるものはすべて食べ尽くされ、餓死者が出るようになります。それどころか、餓死者や病死者の肉を奪い合って食べるありさまです。ここに至って、経家は家臣・領民の助命を条件に自刃すると、開城しました。

兵糧攻めは食べ物がなければ戦えないという、人間の生《せい》の本質に着眼した戦略・戦術であり、自軍の兵の損失を最小限に抑えられるため、転戦を可能にしました。

前代未聞の奇策

秀吉は一五八二（天正一〇）年、宇喜多秀家軍一万を加えた総勢三万を率いると、毛利氏配下の備中高松城の攻略に向かいます。城内には、城主・清水宗治と約五〇〇〇の将兵が籠城していました。

備中高松城は、三方を沼に囲まれた低湿地にあり、残る一方には堀がある堅城です。秀吉は、力攻めは困難と判断すると、一帯の地形から前代未聞の奇策——近くを流れる足守《あしもり》川《がわ》を堰《せ》き止めて水を引いて城を水没させる——を実施します。

近郷の農民たちを動員すると、高額な報酬を与え、高さ約八メートル・長さ約四キロメートルの堤防を、夜《よ》を日《ひ》に継いで一二日間で完成させました。堰き止めの方法は、黒田官兵衛または官兵衛の家臣による献策と言われています。引き込まれた水はたちまち堤防内に満ちて、城を浮島《うきしま》にした約二平方キロメートルの湖が出現しました。

毛利輝元（元就の孫）は吉川元春《もとはる》（同次男）、小早川隆景《こばやかわたかかげ》（同三男）らと共に救援に向かいますが、城に近づくことができません。城内は奇策に動揺し、物資の補給路を断たれて兵糧米が少なくなったこと、援軍が城に入れないことなどから、士気が低下していきました。

秀吉は包囲を継続するいっぽう、毛利氏との和睦交渉にも入っていました。攻勢限界点を見きわめたのです。さらには信長に援軍も求めます。ただ、この援軍要請には、自分一人で大功を上げることで信長が猜疑心を抱くことを避けるとの目論見《もくろみ》もあったと思います。

結局、宗治はみずからの命と引き換えに城兵の助命を条件に、開城しました。

ついでながら、のちの小田原征伐の際、石田三成が忍《おし》城の戦い（現・埼玉県行田《ぎょうだ》市）において、水攻めを行なっていますが、失敗しています。

これら三つの戦いからわかるように、秀吉は城攻めの達人です。対して信長は、野戦は得意でしたが、攻城戦は不得手《ふえて》でした。信長の城攻めは圧倒的な大軍で城を囲み、力攻めで一気に攻略するというものですが、犠牲も多く、あまり成功したとは言えません。

秀吉が包囲戦を多用した理由に、秀吉が血の流れる戦争を嫌悪《けんお》したことを挙げる研究者がいます。平和主義者だというのです。しかし、堅城を力攻めするのではなく、自軍の損耗を最小限に抑えて、確実に勝利する。その合理性から、包囲戦を選択したにすぎません。実際、秀吉は敵対者を磔《はりつけ》にしたり、幼児を槍で突き刺したりさせています。兵糧攻めにしても、飢餓で苦しむ惨状は生き地獄です。それが戦国時代であると言ってしまえば、それまでですが、けっして秀吉は平和主義者ではありません。

大軍移動を可能にするインフラ網

一五八二（天正一〇）年六月、秀吉が備中高松城攻めの最中に、本能寺の変が起こります。明智光秀の謀反により、天下統一を目前にした織田信長は自害しました。

織田軍は当時、各地に散っていました。北陸方面軍の柴田勝家は上杉氏と、関東方面軍の滝川一益は北条氏と、それぞれ対峙・交戦中でした。長宗我部氏と交戦すべく、渡海しようとしていた四国方面軍の織田信孝に至っては、兵が逃げてしまいました。

秀吉は急ぎ、敵方の毛利輝元と講和を結びます。そして清水宗治の切腹を見届けると、光秀を討つために全軍二万を大移動させます。一〇日間で約二〇〇キロメートルを走破した、「中国大返し」と称される日本戦史上最大の強行軍です。

なぜ輝元は秀吉を追撃しなかったのでしょうか。信長の援軍も来ませんし、信長死去により、織田氏領国の治安も不安定化しています。羽柴軍の兵も実情を知れば、動揺して四国方面軍のように逃散するかもしれない。今こそ秀吉を討つべし——。吉川元春はそう主張しますが、小早川隆景は「和睦を遵守すべき」と兄を制止します。隆景の考えは、「ここで秀吉に貸しをつくっておけば、光秀を討ち天下人になった暁《あかつき》には見返りがある」というものでした。

しかし、二万もの兵をどうやって二〇〇キロメートルも移動させたのでしょうか。しかもたった一〇日間で。その全貌はいまだ解明されておらず、謎の部分が多いのですが、一説には、兵に甲冑を脱がせて身軽にして運動能力を高め、脱がせた甲冑を船に積み、先回りして用意した宿所に送っていた――と言われています。

秀吉は中国攻めのため、途中に拠点を確保して宿泊ができるよう整備し、兵糧も蓄えていました。それが、中国大返しで役に立ちました。小荷駄隊《こにだたい》（輜重隊）を連れての行軍は機動力に欠けるため、あらかじめ拠点を設けて、物資を集積する必要があります。つまり、インフラ網の整備があって、はじめて大軍による機動戦の威力が発揮できるのです。

インフラ網の整備をハードとするなら、ソフトが兵の士気です。秀吉が率いていた兵には、多くの農民兵が含まれていました。プロの軍人ではない彼らは戦うことは怖いし、不利になれば逃げたいと思っています。将兵にしても、江戸時代の武士とは異なり、主君への忠義のために命を捨てる殊勝な心がけがあるわけではありません。主君が自分の働きを高く評価し、恩賞をくれるから、配下となっているのです。

秀吉は行軍の途次、拠点の一つである姫路《ひめじ》城（現・兵庫県姫路市）で、蓄えてあった金銀や兵糧米を身分に応じて分配し、戦いの目的や勝った時の褒美について具体的に話したと伝えられています。ここに、信長以上に大軍を動かせる秘訣があります。働かねば殺されるかもしれないという恐怖心に訴える信長とは違い、秀吉は人間の欲望に働きかけているのです。

前述のように、備中高松城の水攻めの堰き止め工事でも、秀吉は従事した農民たちに高い報酬を与えています。労には必ず報いてくれる秀吉様に嘘はない。そんな信頼が家臣や農民兵にあったことで、人間の能力を最大限に引き出すことができたのです。合理性と情緒性。この両方があって人は動きます。秀吉にはそれがわかっていただけでなく、見事に実践したのです。

姫路城で軍備を整えた秀吉は二万六〇〇〇に増えた軍勢を率いて、京都・山崎で明智光秀軍一万六〇〇〇と対陣します。しかし電撃的な復讐戦は一日で終わりました。光秀は敗走し、その途中であっけなく命を落としています。

好機は一瞬であり、みずから動いて勝機をつかんだ秀吉。一気に、信長の後継者の地位を獲得したのです。

再び動いて勝利する

山崎の戦いで明智光秀に勝利した秀吉は、誰が織田家を継ぐか、領地配分をどうするかを話し合った一五八二（天正一〇）年の清洲《きよす》会議《かいぎ》において、柴田勝家と対立します。そして翌一五八三（天正一一）年、両者は賤《しず》ヶ岳《たけ》の戦い（現・滋賀県長浜市）で激突しました。

羽柴軍四万に対して、柴田軍は佐久間盛政《もりまさ》、前田利家らの軍勢を含めて三万。信長の薫《くん》陶《とう》を受けた両軍は、競うようにして野戦築城を行ないます。城攻めは攻撃側の損耗が激しく、先に攻撃したほうが負けるのが鉄則です。そのため、両軍にらみ合ったままの膠着《こうちゃく》状態が続きました。

「俺が動けば勝家も動くだろうが、ただ軍を動かすだけではだめだ」と、打開策を探っていた秀吉に、ある策が閃《ひらめ》きます。そして、岐阜城にいた勝家方の織田信孝を討つために動くのです。しかし大垣《おおがき》（現・岐阜県大垣市）まで進んだところで、秀吉の不在を衝いて佐久間盛政が動いたとの報を受け、軍を返します。秀吉は午後二時頃に大垣を発《た》つと、午後七時頃（午後九時などの説もあり）には木之本《きのもと》（現・滋賀県長浜市）に到着しました。約五二キロメートルの道程を五時間で一万あまりの大軍を移動させたのです。いわゆる美濃大返しです。中国大返しよりも速いスピードです。

これを可能にしたのは、やはりインフラです。秀吉は街道沿いの村々に先行して使者を送ると、報酬を与え、炊き出しと松明《たいまつ》の用意を命じています。握り飯などを食べながらの行軍だったわけですが、行軍中の食事は、行軍のエネルギー補給になるのはもちろん、戦場に到着してすぐに戦うエネルギー源にもなります。人間の生理を知悉《ちしつ》した合理的な作戦です。

盛政にとって、秀吉の動きは想定内でしたが、あまりの行軍の速さに驚き、あわてて一時撤退します。軍を整えて逆襲に出ようとしたその時、背後に備えていた、前田利家・利長父子が戦場から離脱しました。柴田軍は大敗を喫し、勝家は居城である北《きた》ノ庄《しょう》城（現・福井市）に退却します。

秀吉はすぐさま追撃し、城を囲みます。勝家は妻・お市の方の連れ子である三人の娘（茶々、初、江）を秀吉の陣中に送り届けさせると、自害しました。勝家死去後、織田信孝は岐阜城を開城し、幽閉されたあと自刃しています。

戦闘に負けて、戦争に勝つ

織田信長の次男である信雄《のぶかつ》は、賤ヶ岳の戦いの頃まで秀吉方に属していましたが、主筋の矜持《きょうじ》からか、やがて徳川家康と同盟を結び、対決姿勢を鮮明にします。一五八四（天正一二）年、信雄は秀吉に通じていた重臣三人を殺害。ここに、羽柴秀吉対織田信雄・徳川家康の合戦が始まるのです。小牧《こまき》・長久手《ながくて》の戦いです。同合戦は第三部でも触れますが、ここでは、秀吉視点から見てみましょう。

先に動いたのは家康でした。家康は小牧山城（現・愛知県小牧市）を占拠すると、防備を固めます。その動きに合わせるように、秀吉は小牧山城の北方にある犬山城《いぬやま》（現・同県犬山市）に入ります。織田・徳川連合軍一万七〇〇〇に対し、羽柴軍は一〇万とも言われています。両軍共に野戦築城を行ない、対陣状態が続きました。

秀吉は賤ヶ岳の戦いのように、家康を小牧山城から誘い出そうとします。そのために、家康が食いつく餌《えさ》として、二万のおとり部隊を用意しました。具体的には、池田恒興軍六〇〇〇と森長可（恒興の娘婿）軍三〇〇〇が、家康の本拠地の一つである三河を叩きます。家康が向かったら、本隊を出動させて家康を討ち取る計画です。

秀吉の目論見通り、家康は餌に食いつきました。勝負はあっさりと決着し、池田軍と森軍が壊滅します。ここまでは秀吉の想定内でしたが、肝心《かんじん》の家康はさっさと自陣に引き返してしまいました。秀吉は餌だけ取られた格好です。しばらく睨み合いが続きましたが、一カ月後に秀吉は撤退し、それを確認した家康も引き揚げています。

結局、大軍を動かして敵を倒す、秀吉の得意の戦法も、家康には通じませんでした。総力を挙げて家康に挑めば勝っていたかもしれませんが、自身も相当のダメージを被ります。この段階では、四国に長宗我部氏、九州に島津氏、関東に北条氏、東北に伊達《だて》氏が蟠踞《ばんきょ》し、時に秀吉に敵対していました。これらの状況から、秀吉は「ここで力を消耗すべきではない」と判断、信雄と単独講和をします。はしごをはずされた形となった家康は、次男の於義丸《おぎまる》（のちの結城秀康《ゆうきひでやす》）を大坂に送り、秀吉と和睦しました。

こののち、秀吉の天下統一事業は順調に推移します。四国平定、九州平定を行ない、巨大な大坂城を築城し、朝廷からは関白《かんぱく》の宣下《せんげ》を受けます。多くの大名が上洛して臣下の礼を取りましたが、家康は動こうとはしません。

そこで、秀吉は妹の朝日姫《あさひひめ》を家康の正室として送ります。実質的な人質です。この時、朝日姫は四四歳（家康は四五歳）で夫がいましたが、秀吉によって強制的に離縁されています。それでも、家康は上洛しません。秀吉はさらに、母親の大政所《おおまんどころ》を送ります。

ついに、秀吉は朝廷を動かします。朝廷から家康に権中納言《ごんちゅうなごん》の官職を与えてもらいました。これが意味するところは、秀吉と家康は朝廷内で同じ貴族であるということです。そこには関白と権中納言という上下の関係はありますが、主従の関係はありません。貴族としての上下関係を明らかにしながらも、主従関係は曖昧《あいまい》なままにしておく。つまり、家康が秀吉に頭を下げやすい状況をつくったわけです。

結局、秀吉の政治力と外交力に負けた家康は一五八六（天正一四）年、大坂城で臣下の礼を取りました。同年、秀吉は正親町天皇から「豊臣」の姓を下賜《かし》されています。

秀吉は、小牧・長久手の戦いには敗れたものの、家康と和睦して後顧《こうこ》の憂《うれ》いを断ち、天下取りに邁進しました。そして朝廷の権威をも利用して、家康を臣従させます。クラウゼヴィッツが言うところの「戦争とはあくまでも政治の一手段でしかない」とすれば、まさに戦闘に負けて、戦争（政治）に勝利したわけです。ここに、政治家・豊臣秀吉の真骨頂があります。

武士はつらいよ

秀吉は年がら年中、戦っていました。代理や名代《みょうだい》が指揮することがあったにせよ、生涯で一〇〇戦を超えています。武田信玄、上杉謙信、織田信長が五〇〜八〇戦くらいですから、かなり多いですね。

秀吉はみずから、戦争という非常事態をつくり出すと、それを一つ一つ潰していくことで相手や周囲を臣従させ、支配を広げていきました。時には朝廷を利用してまで、敵に勝利する。秀吉の行動からは、政治と軍事は切っても切れない関係にあることがよくわかります。

秀吉は徹底的に根回しを行ない、勝ち戦になるようにしてから、合戦に臨むことも少なくありませんでした。戦場では合理的に最適解を導き出し、負けない戦いを続けていきました。合戦に次ぐ合戦で、いつのまにか天下が秀吉のものになっていった、とは言いすぎでしょうか。

そんな秀吉の犠牲になったのが、小牧・長久手の戦いで戦死した森長可です。長可は信長の重臣を務めた森可成の次男で、父と長兄が討ち死にしたため、一三歳で家督を継いでいます。のちに兼山城《かねやまじょう》（金山城。現・岐阜県可児市《かにし》）の城主となっています。すぐ下の弟（三男）が、信長の小姓として知られる蘭丸です。四男と五男も信長の小姓を務め、三人とも本能寺の変で命を落としています。

長可は武勇の誉《ほま》れ高く、槍術に優れていたため、源義経に仕えた武蔵坊弁慶《むさしぼうべんけい》に準《なぞら》え、「鬼武蔵《おにむさし》」と称されました。賤ヶ岳の戦いにも従軍し、勝利に貢献しています。その長可が討ち死にする二週間ほど前、奇妙な遺言状を認《したた》めています。

遺言状には、「せん（末弟の忠政《ただまさ》）は秀吉様のお側《そば》に仕え、間違っても自分の跡を継いで兼山城主になってはいけない。兼山城はしかるべき人を置いてもらいなさい」「おこう（娘。妹の説もあり）は町人に嫁《とつ》がせよ。薬師《くすし》もいい」「母は京でお暮らしください」とありました。

長可は小牧・長久手の戦いで自分に与えられた使命がおとりであって、生きて帰れないことがわかっていたのでしょう。そして、父親をはじめ兄弟のほとんどを戦《いくさ》で亡くしてきたこともあり、わが家からこれ以上の犠牲は出したくないと考えたのかもしれません。戦いに明け暮れ、かくあるべしと覚悟を持っていた鬼武蔵が死と向き合い、思わず本心が出たのかもしれません。ああ、武士はつらいよ。

この遺言状を読んだ秀吉は涙を流したと伝えられています。そして、長可の領地を取り上げるわけにいかないからと、忠政を跡継ぎにして兼山城主に留め置きました。忠政はのちに、美作国《みまさかのくに》（現・岡山県北東部）の津山藩《つやまはん》の初代藩主になっています。その後、転封があったものの、森家は藩主として明治維新を迎えています。

大軍による長征

秀吉は小牧・長久手の戦いのあと、各地に大軍による長征、すなわち大規模遠征を行ない、支配地域を拡大していきました。

大規模遠征は、一五八五（天正一三）年の四国攻めから始まります。相手は、四国をほぼ統一していた長宗我部元親です。六月、弟の羽柴秀長《ひでなが》軍、小早川隆景軍、宇喜多秀家軍ら一〇万超の軍勢が渡海して、四国に侵攻。迎え撃つ元親は、四万の兵を動員しています。しかし一カ月ほどで元親は敗北、土佐国《とさのくに》（現・高知県）のみを安堵《あんど》され、他の三国は没収されてしまいました（四国平定）。

秀吉が関白に就任したのは、四国攻めの最中でした。当時、九州では豊後国（現・大分県中南部）の大友宗麟《おおともそうりん》と薩摩国の島津義久が激しく対立していました。優位に立った義久が宗麟の本拠を脅《おびや》かすと、宗麟は秀吉に助けを求めます。秀吉は和平提案をしますが、これを義久は拒否。秀吉は、大名間の私闘を禁ずる惣無事令《そうぶじれい》（後述）に違反したとして、九州攻めを実施します。羽柴秀長軍、毛利輝元軍、宇喜多秀家軍ら総勢二〇万（二五万の説もあり）の軍勢が九州に上陸。各地で島津軍を破り、一五八七（天正一五）年に義久は降伏しました（九州平定）。

翌一五八八（天正一六）年四月、秀吉は後陽成《ごようぜい》天皇を居城の聚楽第《じゅらくてい》（現・京都市）に招き、全国の諸大名に列席を命じました。諸大名に対して、秀吉への忠誠を誓わせるために、朝廷の権威を利用したのです。しかし、北条氏政《うじまさ》・氏直《うじなお》父子は出席しませんでした。

一年後、北条方の沼田《ぬまた》城（現・群馬県沼田市）の城代《じょうだい》を務めていた猪俣邦憲《いのまたくにのり》が、真田昌幸方の名胡桃《なぐるみ》城（現・同県利根《とね》郡みなかみ町）を奪う事件が起こりました。秀吉は惣無事令に違反したとして、北条氏に宣戦布告します。小田原征伐です。

一五九〇（天正一八）年、秀吉は総勢二一万の軍勢で、北条氏の本拠・小田原城（現・

神奈川県小田原市）を包囲します。いっぽう氏政と氏直は、村々の成人男子に武装を命じて五万六〇〇〇の兵を動員すると、籠城戦を選択しました。かつて小田原城を包囲した上杉謙信、武田信玄の大軍に対して、小田原城に籠城して勝利した経験があったからです。

謙信は一〇万、信玄は二万の軍勢で城攻めを行ないましたが、いずれも兵糧と補給が続かなくなり、撤退しています。しかし秀吉は、長束正家《なつかまさいえ》を兵粮奉行《ひょうろうぶぎょう》に命じると、二〇万石とも言われる米穀を用意しています（のちに詳述）。そのスケールには、ただただ驚くばかりです。

ところで、小田原城の最大の特徴は広大な総構《そうがまえ》です。これは城と城下を土塁と空堀で取り囲んだものですが、その総延長は九キロメートルにもおよび、のちの大坂城の総構を凌駕していました。北条父子は、小田原征伐が始まる前にこの総構を完成させ、武器、弾薬、兵糧なども備蓄していました。

対して秀吉は、小田原全体を見下ろせる笠懸山《かさがけやま》（現・石垣山《いしがきやま》、神奈川県小田原市）の山上に、総石垣で櫓《やぐら》を備えた本格的な城を築かせます。いわゆる石垣山一夜《いしがきやまいちや》城です。約八〇日間、延べ四万人を動員して築城されたのですが、築城中は小田原城からは見えないようにして、完成後に周囲の樹木を伐採したため、城中の将兵にはまるで一夜にして築城されたように見えたと言われています。しかも、関東ではそれまで石垣の城が存在しませんでしたから、いっそう驚いたでしょう。彼らの士気を大いに低下させたことが伝承に残っています。秀吉は千利休《せんのりきゅう》を呼び寄せると、この城で茶会を催したり、天皇の勅使を迎えたりしました。

小田原城包囲の戦いは三カ月で氏直が降伏し、開城しました。小田原征伐中に、東北の伊達政宗《まさむね》や最上義光《もがみよしあき》らが参陣して臣従を誓いました。これで、秀吉に逆らう者はいなくなりました。日本全国に威令がおよぶ、実質的な天下統一政権がはじめて誕生したのです。

なぜ短期間で天下を統一できたのか

信長の横死からわずか八年で、秀吉は天下統一を成し遂げました。たとえるなら、短期間で日本地図を縮尺してしまったわけで、それができたのは、前項で見たような大軍による長征が可能になったからです。

秀吉の合戦は城攻めが多く、しかも兵糧攻めで相手を干上《ひあ》がらせて降伏を待つ作戦ですから、一年以上の長期にわたることもあります。城を攻囲している秀吉側も、多くの兵糧を必要とします。そのため、豊臣軍の長征はあらかじめ補給物資と輸送手段を用意してから行なっていました。このシステムを発明したのは信長ですが、豊臣軍の兵站は、織田軍のノウハウを活《い》かしつつ構築されたオリジナルのシステムでした。その規模は織田軍よりもはるかに大きく、日本戦史上はじめてのものです。と言うか、近代日本軍と比べても、発想を含めて日本人離れしています。

具体的には、遠征経路の各地に拠点を設け、さまざまな物資を備蓄しました。戦《いくさ》となれば、堺などの商人から物資を調達しますし、現地で米などを買うこともありました。他国へ侵略して戦いに勝つということは、その地の政治力・経済力を手にすることでもあります。戦いが終われば自分の領地になるのですから、略奪を行なえば領地・領民は疲弊するだけでなく怨嗟《えんさ》が渦巻きますから、その後の統治がうまくいかない、もしくは時間がかかります。

信長をはじめ多くの戦国大名は、合戦の際に敵地の田畑を焼き払ったり、徴発をしたりしました。しかし秀吉は、勝利後の統治を考慮しながら戦っています。これも、秀吉が短期間で天下統一をできた理由の一つです。兵站の問題をよくわかっていたからこそ、戦後の風景を遠望することができたのです。

秀吉は天下人となる前から、たとえば中国大返し、美濃大返しでも、このシステムを用いています。九州攻めや小田原征伐では、諸大名に参陣を命じますが、兵糧・弾薬などの物資の輸送・集積は豊臣政権が担っていました。諸大名にすれば、負担軽減となって助かります。

これら綿密な計画を立て、きめ細かな調整を必要とする兵站部門を取り仕切っていたのが、長束正家です。前述のように、小田原征伐の際には米穀二〇万石を全軍に配給し、馬なども集めています。米や軍需物資の輸送には、九鬼嘉隆《くきよしたか》らの水軍を出動させました。さらに、戦地周辺の米三万石を買い占め、小田原城の兵糧攻めにも力を尽くしました。正家は算術に優れた武将で、豊臣家の財政を一手に担い、蔵入地の管理などでも実績を残しています。

正家は任務に忠実な吏僚でした。関ヶ原の戦い直前、徳川家康による上杉景勝《かげかつ》攻め（会《あい》津《づ》征伐）の際には、正家は豊臣家の家臣であるにもかかわらず、徳川軍の兵站を担い、会津（現・福島県）に向かう途上の城で、兵一人の量まで計算して兵糧米の手配をしています。

武功よりデスクワーク

豊臣政権を支えたのは、五奉行《ごぶぎょう》に任じられた浅野長政《あさのながまさ》（五奉行首座《しゅざ》）、石田三成、長束正家、増田長盛《ましたながもり》、前田玄以《まえだげんい》です。彼らは秀吉の側近として政務の処理を担い、城持ち大名となっています。

五奉行の管理・調整役、現代の行政府に置き換えれば官房長官として、秀吉の三歳下の弟・豊臣秀長がいました。秀長は秀吉の補佐役として政務・軍事両面で才覚を発揮し、天下統一に貢献しました。最終的には大和国など三カ国を領有する一一〇万石の大名になり、「大和大納言《やまとだいなごん》」と称されました。秀長は大友宗麟に「公《おおやけ》のことは私に、内々《うちうち》のことは宗易《そうえき》（千利休）に相談してください」と話したように、秀吉からの信頼が厚く、また秀吉に異を唱えることができる数少ない人物でした（利休もすごいけど）。

五奉行の顧問役として、徳川家康、前田利家、毛利輝元、小早川隆景、宇喜多秀家がおり、隆景の死後に上杉景勝が加わり、五大老《ごたいろう》と呼ばれるようになります。

　このように豊臣政権では、戦場で勇猛に戦う武人ではなく、兵站や財政など内政に明るい吏僚が、中枢で権力を握っていました。ここには、秀吉の人材観も反映されています。

　織田信長は、自分の目的に沿った能力を持っているか否かで人材登用を行ない、その真価を戦場で問いました。どんなに有能でも、武功を挙げられなければ、城持ち大名には抜擢しませんでした。いっぽう秀吉は、戦場での武功を重要視していません。その登用基準は行政能力が高く、デスクワークをこなせることが必須の条件でした。特に、財務を重視しています。秀吉は「財務こそ軍事の基本」と考えていたからです。要するに、デスクワークがこなせない武将は軍隊を率いても武功は挙げられない、と考えていたわけです。

　このことを如実に表しているのが、加藤清正の起用です。加藤清正と言えば、賤ヶ岳の戦いにおいて「賤ヶ岳の七本槍《しちほんやり》」として武功を挙げるなど、多くの人が武断派のイメージを抱いているかもしれません。ところが、賤ヶ岳の戦い以降、清正は数々の戦いに出陣しているものの、ほとんどが秀吉の周囲で守備についたり、後方支援に回ったりしました。秀吉が期待したのは、財務能力や行政能力だったのです。

実際、清正は代官職や戦後処理などの行政に手腕を発揮し、一五八七（天正一五）年に起きた肥後《ひご》の一揆《いっき》（現・熊本県）鎮圧後の不穏な情勢下、北肥後を託され、三〇〇〇石から約二〇万石の大名になっています。肥後国の前統治者・佐々成政は猛将として知られていますが、管理能力不足を責められて、切腹させられています。なお、南肥後の統治は小《こ》西行長《にしゆきなが》が抜擢され、二〇万余石を得ています。行長は堺の豪商に生まれ、秀吉に取り立てられた吏僚です。

清正はその後、北肥後を単に統治しただけではなく、治水や農業振興に力を尽くしたことで、領民から敬われました。今でも、熊本で人気があります。

経済官僚の設置はもともと信長の発想によるものですが、秀吉はこれを徹底的に組織化し、応用しました。これによって、前述のように、大規模遠征が可能になったわけですが、その最大のものが、二度にわたる朝鮮出兵（のちに詳述）です。朝鮮出兵は秀吉が亡くなったことで中止になりましたが、三度目の出兵も計画しており、総司令官に石田三成を想定していました。ここにも、秀吉の兵站重視の姿勢が見て取ることができます。

木を伐る武将

「賤ヶ岳の七本槍」の一人に、脇坂安治《わきざかやすはる》がいます。その功により、賤ヶ岳の戦い後に三〇〇〇石を与えられ、伊賀国の代官を命じられました。当地の山城を補強するため、秀吉は安治に材木の調達を命じます。具体的には、小牧・長久手の戦い（一五八四年）の陣中から「木を一〇〇〇本調達せよ」という手紙を出し、木の種類まで指定しています。細かいなあ。

　翌年、秀吉は越中《えつちゆう》国（現・富山県）の佐々成政の討伐のさなか、安治に京都御所修復のための材木の調達を命じます。ところが安治は抵抗し、槍働きのほうが得意だから、と参陣を願い出るのです。秀吉は手紙で叱《しか》り飛ばします。「おまえを伊賀に置いているのは、木を伐《き》るためだ。今は戦働《いくさばたら》きのことは考えるな」と。秀吉にすれば、国を治めるには軍事だけでなく、行政や公共事業も大事であることを理解しろ、ということなのでしょう。

　その後も、秀吉は数日に一通の割合で「何本、運んだか」「ちゃんとやっているか」と進捗状況を詰問する手紙を送ります。安治はこののち、一万石、二万石、三万石と小刻《こきざ》みに加増され、朝鮮出兵での武功により、三万三〇〇〇石になりました。

賤ヶ岳の戦いのあと、秀吉は「七本槍」と称された六人に三〇〇〇石の恩賞を与えています。福島正則だけは五〇〇〇石を与えていますが、これには正則と秀吉が従兄弟関係にあったことが影響しているかもしれません。正則は一五八七（天正一五）年の九州平定後に、今治《いまばり》（現・愛媛県今治市）に一一万三〇〇〇石を得ています。前述のように、加藤清正は同じ頃に約二〇万石をもらっています。

こうして見ると、安治の出世のスピードは遅い。秀吉は、安治は吏僚として中途半端だから合戦でも期待できないと見ていたのでしょう。秀吉は武断派より文治派を重用したのです。この点が、織田信長と顕著に違うところです。信長は、自分の手を血で汚さないと信用しない、認めないところがありましたから。

ついでながら、幕末の傑物・西郷隆盛《さいごうたかもり》が、この価値観を共有しています。西郷は、最後まで大隈重信《おおくましげのぶ》を評価しませんでした。大隈はのちに二度にわたって総理大臣を務め、大蔵省（現・財務省）の基礎をつくったと言われています。ところが西郷は、「大隈は幕末・維新の動乱期、血生臭《ちなまぐさ》いことから一歩身を引いていた。だから信用できない」と認めませんでした。西郷が好んだ人物は、幾多の戦場で白刃《はくじん》を交え、弾《たま》の下をくぐってきた人物です。具体的には、日本陸軍を創設した山県有朋《やまがたありとも》です。山県も西郷を慕っていました。

　秀吉は大将が槍を振り回す必要はない、という考え方をしていました。たとえば、秀吉が抜擢した石田三成は、自分に軍事的な才能がないことを自覚しており、軍事に関しては島左近《しまさこん》にまかせていました。佐近は、「三成に過ぎたるもの」と言われたほどの武将です。秀吉はそれでいい、自分の軍勢の管理ができていればいいからと、逆に三成を戦場に出しませんでした。秀吉が考える有能な家臣とは、補給などの任務を完璧にやり遂げ、加えて政治ができる人物でした。

「有能な吏僚＝有能な武将」か

　さきほど、秀吉はデスクワークがこなせない武将は軍隊を率いても武功は挙げられないと考えていた、と述べました。では、デスクワークが有能な武将は大きな武功を挙げたのでしょうか。五奉行で検証してみましょう。

　五奉行首座の浅野長政は、賤ヶ岳の戦いや九州平定などで武功を挙げるなど、武将としてある程度、評価されています。しかし秀吉は、長政の卓越した行政手腕のほうを買ってており、太閤検地《たいこうけんち》（後述）の実施を命じています。

長束正家は、平時には内政を堅実にこなし、戦時では後方支援に確実に徹していました。これといった武功を挙げていません。

増田長盛は、小牧・長久手の戦いで武功を挙げ、それ以外にも多くの合戦に従軍していますが、どちらかと言えば、兵站や外交交渉などを担うことが多かったようです。

前田玄以は、朝廷との交渉や寺社の管理、洛中洛外《らくちゅうらくがい》の民政をまかされており、戦場に出ることはほとんどなく、武功も挙げていません。

興味深いのは、石田三成です。ご存じのように、三成は関ヶ原の戦いで西軍八万の主将を務めています。多くの大名たちを従えたわけで、彼らが認めるだけの武功があったのでしょうか。答えを先に言ってしまえば、「NO」です。

三成は賤ヶ岳の戦いで武勇を示したり、小牧・長久手に戦いに従軍した記録が残っていますが、それ以外では主に情報収集や兵站、諸大名との交渉などを担当しました。小田原征伐の際の忍城の戦いで水攻めを行なって失敗したことは、すでに述べた通りです。

三成は、太閤検地や刀狩《かたながり》（後述）他の政策立案を主導するなど、吏僚としてきわめて優秀であったことは間違いありません。また、佐和山《さわやま》城（現・滋賀県彦根《ひこね》市）の城主として北近江を統治しましたが、領民からも慕われ、その領国経営は高く評価されています。

ただ、真面目で融通が利かない性格を嫌う者も多く、のちに加藤清正や細川忠興《ただおき》らに命を狙われたほどです。優秀なだけでは人はついてきませんし、逆に優秀ではないのに愛される人もいます。こうした人間社会の機微に、三成は疎《うと》かったようです。その証拠に、どの史料を見ても「三成は器《うつわ》が大きかった」という話は出てきません。

また、兵站のプロだとしても、戦争の本質がわかっていませんでした。関ヶ原の戦いにおいて、島津義弘《よしひろ》は一五〇〇（一〇〇〇の説もあり）ほどの兵を率いて、西軍につきました。島津の将兵は戦意が高く強いとの定評があり、一五〇〇人でも、起用の仕方によっては起爆剤として活用できたはずです。どの軍勢も農民兵が多く、彼らは基本的に戦意は高くありません。だからこそ、先陣を切って突入する部隊が重要です。たとえば、島津兵が猛攻・突入して「これは勝てるぞ」という空気が生まれると、農民兵も一気に続きます。

ところが、島津軍は動きませんでした。伝えられているのは、義弘が「家康の本陣に夜襲をかけよう」と提案したところ、三成に「夜襲などは田舎者がやること。ここは正々堂々の戦いでいくべきだ」と一蹴《いっしゅう》されたという話です。真偽は不明ですが、少なくとも義弘が気持ちよく「戦うぞ」と思うことができない状況にしたことは確かでしょう。

このことを踏まえても、三成は大将の器ではないという感じがします。だからこそ、秀吉は三成を戦場に出さずに、デスクワークで重用したのです。

そもそも、秀吉は吏僚と武将の並立は露《つゆ》ほども考えておらず、武功を挙げる武将よりデスクワークをこなせる武将を重んじました。その真意は、「戦争の勝敗は経済力にあり、経済力は政治と密接な関係にある。統治こそが天下人の最大の役割なのだ」にあります。つまり、「文民統制」の考え方です。秀吉にとって、戦争は安定した平和な治世を実現するための手段にすぎなかったのです。

このように、秀吉が重用した五奉行は、いずれも軍事のプロではありませんでした。いっぽうで、加藤清正のように軍事も内政もできる武将もいます。武断派のイメージが強い福島正則も内政家の一面を持ち、領国に善政を布いていました。

秀吉は、行政では五奉行を表に立て、戦争では清正や正則を立てるというように、武断派と文治派（五奉行）のバランスを巧みに取りました。まさに秀吉あっての豊臣政権であり、秀吉がいなくなれば、このバランスが崩れることは火を見るより明らかでした。

政治的革新性

政治家・豊臣秀吉の事業で後世に大きな影響をおよぼしたのは、検地（太閤検地）、刀狩、惣無事令です。そこには、室町幕府や織田信長とは異なる発想があり、政治革新と言うべきものです。近世の扉を開けたのは信長だが、それを形にしたのは秀吉である、と私が考える所以《ゆえん》です。それぞれ見ていきましょう。

一五八二（天正一〇）年の山崎の戦い以降、秀吉はみずからが征服した土地に検地を実施していきます。役人を派遣して、田畑の面積と収穫量を把握することで、どれだけ年貢が取れるか、どれだけの兵を養えるかを明確にしたのです。「反対する村は皆殺しも辞さない」という強い態度で行ないましたが、土豪や農民の激しい抵抗に遭っています。

具体的には、検地帳《けんちちょう》に（土地台帳）に耕作者、面積、石高などを記載し、年貢などの負担を義務づけました。また一地一作人《いっちいっさくにん》、つまり土地の耕作者を一人の農民に定めました。これによって土地の権利が明確となり、中間搾取がなくなりました。ここに、中世以来続いてきた荘園制が完全に消滅しました。日本の近世はここから始まったと考える研究者もいます。

年貢は村単位で納められました。年貢高は収穫量の三分の二を領主に差し出し、三分の一が自分の収入になる二公一民《にこういちみん》ですので、けっこうな重税でした。ちなみに、江戸時代初期は一般的に四公六民《しこうろくみん》、享保《きょうほう》年間（一七一六〜一七三六年）以降は天領《てんりょう》（幕府直轄地）では五公五民《ごこうごみん》でした。

一五九四（文禄《ぶんろく》三）年には全国に検地奉行《けんちぶぎょう》を派遣して、統一した検地尺《けんちじゃく》をもとに改めて検地を実施しています。これによって、地域間で異なっていた面積と容積の単位が統一されました。これは室町幕府ですらなしえなかったことで、豊臣政権が全国政権であることと、その権力が小さくなかったことがわかります。

秀吉は一五八八（天正一六）年、刀狩令を発令します。方広寺《ほうこうじ》（現・京都市。のちの方広《ほうこう》寺《じ》鐘銘事件《しょうめいじけん》が大坂冬の陣のきっかけとなった。第三部で詳述）の大仏造営を口実として、農民から武器（刀、鉄砲、槍、弓）を没収したのです。

穴山信君や明智光秀が落ち武者狩りで命を落としたことからもわかるように、当時の農民は武装していました。農民の側からすれば、みずからの土地や権利を蹂躙《じゅうりん》されないための自衛手段です。彼らから武器を取り上げることで、一揆などを未然に防止したわけです。刀狩令で「農民は農耕に専念すべし」と説いたように、戦に出る人（武士）と米をつくる人（農民）の役割を明確にしたことで、兵農分離が進みました。

惣無事令とは、秀吉が各地の大名に下したもので、大名間の戦闘（私戦）を禁じ、領土の確定は秀吉が行なうことを宣言したものです。「無事」とは平和・和睦を意味します。最初の惣無事令は秀吉の関白就任後、一五八五（天正一三）年に九州地方に発令され、九州平定につながっています。

さらに秀吉は、関東・東北の諸大名に相次いで惣無事令を発し、従わない場合は軍事行動に訴えました。小田原征伐もそうですし、小田原征伐に参陣しなかったという理由で、東北の諸大名の領地を没収しています（奥州平定）。まさに惣無事令は、秀吉が日本を治める天下人である宣言のようなものだったのです。

以降、秀吉は改易《かいえき》（領地没収および家名断絶）、減封《げんぽう》（領地削減）、転封など、もうやりたい放題です。たとえば、豊後国の戦国大名・大友義統《よしむね》は朝鮮出兵での不手際を問われ、鎌倉時代から二二代続いた大友家は実質的な改易になりました。

　いとも簡単に大名家を潰した秀吉と違い、徳川家康は敗者といえども、家を潰すことは多くありませんでした。たとえば、関ヶ原の戦いで西軍についた上杉景勝は一二〇万石から三〇万石に減封されたものの、家は取り潰されていません。西軍の総大将の毛利輝元も、領地削減だけですんでいます。家康は、古くから続く「家」を大事に考えたのです。

　いっぽう秀吉は「家とか家名ってそんなに大切なの？」という感覚ですから、自分が気に入らなければ歴史も伝統も関係なく、容赦しませんでした。

　信長・家康ら多くの戦国大名は小なりといえども、家臣らに傅《かしず》かれる環境に生まれ育っています。また、幼少期に帝王学として儒学などの基礎的な教養のトレーニングを受けていました。しかし秀吉には、それがありません。「事上磨錬」という言葉で説明したように、秀吉は社会のなかで人間の心理と周囲の状況を読み解き、みずからを教育していきました。一般的に、教育は知的向上を促しますが、既成概念に縛られがちで、柔軟な発想を阻むことがあります。秀吉には基礎的な教養が欠落していたために、逆に創造的な発想をすることができたのかもしれません。

秀吉は一五八三（天正一一）年、石山本願寺跡に豊臣政権の本拠地として大坂城の築城を開始します。軍事要塞として優れていたことは、のちの大坂冬の陣で証明されますが、城下町ごと堀で囲うなど、日本史上有数の巨大城郭でした。その内部も豪華な調度品で彩られ、長宗我部元親などは驚愕しています。ここにも、秀吉の軍事的才能とスケールの大きさを感じることができます。

兵農分離の真の目的

一五九一（天正一九）年、秀吉は身分統制令《みぶんとうせいれい》を発令します。これは、武家奉公人が農民や町人になること・農民が耕作地を放棄して町人などになること・武家奉公人が主人を替えることを禁じたものです。

同年一月に弟の秀長、八月に淀殿との間に生まれていた鶴松《つるまつ》が死去すると、秀吉は甥の秀次《ひでつぐ》を養子にして、関白を譲ります。しかし、みずからは太閤（摂政・関白を辞任後に子が摂関についた者の称号）として、政治の実権を握り続けました。

翌一五九二（天正二〇）年、関白・豊臣秀次の命で出されたのが、人掃令《ひとばらいれい》です。秀次は全国の戸口調査を命じると、村ごとの家数、人数、身分、老若男女を記録させました。まさに戸籍調査ですが、古来、日本の政権でこれを実施できた例は多くありません。強大な権力の行使を必要とするからです。

二つの法令により兵農分離がいっそう進み、身分は固定化されていきましたが、秀吉の意図は別なところにありました。最新の研究では、朝鮮出兵に備えるものと見られています。すなわち、どれだけの兵と兵糧が確保できるかを明確にするためです。農業生産力の向上も考えていたでしょう。ここには、軍事政権としての性格が如実に表れています。

先に触れた検地と刀狩により、秀吉は、武士が農民を支配する仕組みをつくると同時に、戦争の時には兵を集め、食料を確保することが可能になりました。また惣無事令に代表されるように、大名を強権的に従わせています。

宗教政策においては、秀吉は一五八七（天正一五）年にバテレン追放令《ついほうれい》を発しています。秀吉は当初、キリスト教の布教を認めていましたが、九州平定の際、その実情を目《ま》の当たりにして、危険性を感じ取ったのです。たとえば、キリシタン大名の大村純忠《おおむらすみただ》は一五八〇（天正八）年に長崎と茂木《もぎ》（共に現・長崎市）をイエズス会に寄進していました。秀吉はバテレン追放令により、これを没収しますが、それまでは日本の土地ではなくなっていたわけです。

ここに至って、豊臣政権が強大な権力を有したことがわかります。軍事政権としての力を示したわけで、これにより平和が確立しました。時代を先取りしたのは信長であって、秀吉は信長の敷いたレールの上を走ったにすぎないなどと過小評価されることもありますが、研究者の多くは太閤検地、刀狩、惣無事令など、秀吉の政治的革新性を高く評価しています。

朝鮮出兵の謎

内《うち》に満ちた力は外《そと》に向かうのか。天下統一を成し遂げた秀吉は、中国・明の征服を企図するようになります。そして朝鮮に対して、朝鮮国王の入貢《にゆうこう》（外国からの使節が貢《みつ》ぎ物《もの》を持ってくること）と明への先導を求めました。しかし、朝鮮が応じなかったために派兵します。いわゆる朝鮮出兵です。

一五九二（文禄元）年、秀吉は宇喜多秀家を総大将に、約一五万（一六万とも）の軍勢を朝鮮に送ると、新たに築城した名護屋城《なごや》（現・佐賀県唐津市《からつ》）でみずから指揮を執りました。文禄の役です。日本軍は翌年、漢城《かんじょう》（現・韓国のソウル）北方にある碧蹄館《へきていかん》の戦いで勝利を得ると、停戦。講和へと向かいます。

しかし秀吉は、自分が求めた条件を無視されたことに激怒し、再度の派兵を決めます。一五九七（慶長二）年、小早川秀秋《ひであき》を総大将に一四万の軍勢を送るのです。慶長の役です。明の援軍もあって、日本軍は苦戦。結局、翌年の秀吉の死によって停戦協定を結び、撤退しました。

朝鮮出兵では、成果がほとんどありません。強《し》いて挙げれば、朝鮮から連行した陶工によって、薩摩焼《さつまやき》や唐津焼《からつやき》などの窯業《ようぎょう》が興《おこ》ったことくらいでしょうか。逆に、豊臣政権が衰亡する大きな要因となりました。マイナス面のほうがはるかに大きいのです。では、軍事的・政治的革新を成し遂げ、英邁《えいまい》であるはずの秀吉がなぜ朝鮮出兵を行なったのでしょうか。いくつかの説を検証してみましょう。

昔から言われてきたのが、名誉欲です。低い身分から天下人にまで出世した例は過去になく、日本のすべてを手に入れた秀吉が、自分の力をもってすれば中国をも支配できると思い上がり、大陸を目指したという説です。

秀吉は「中国は皇帝が治める長袖《ながそで》（官僚）の国だから、日本の武士に敵《かな》わない」、つまり武力は弱いと誤解していたというのです。仮にそうだとしても、中国の国土はとてつもなく広く、征服するのは容易ではないことがわかっていたはずです。ですから、この説には賛同できません。

次に挙げるのが、家臣たちに与える土地を獲得するために出兵したという説です。うーん、秀吉がそこまで家臣思いだったとは考えにくいなあ。確かに、家臣に恩賞を与えないと政権が安定しない事情はあったかもしれません。しかしそれなら、総力を挙げて徳川家康を潰したほうがよほど豊臣政権は安定するでしょうし、一石二鳥です。家臣たちにしても、海の向こうの土地を与えられてもメリットはありません。そもそも、言葉も通じない土地を征服して支配するノウハウはなかったでしょう。この説も賛同できません。

比較的新しいのが、東シナ海貿易の権益を握ろうとしたという説です。これは、歴史学者の平川新《ひらかわあらた》さん（東北大学名誉教授）が出された解釈です。当時、世界は大航海時代であり、ヨーロッパ諸国の船が東シナ海まで進出して貿易を行なっていました。その貿易の主導権を握りたいという、織田信長以来の思惑が秀吉にもあったというのです。私はこちらが現時点でもっとも納得できる説だと考えています。

秀吉はもともと、土地（石高）よりも経済（お金《かね》）を重視するタイプでした。小田原征伐のあと、秀吉は徳川家康に二五〇万石を与えますが、豊臣家は二二〇万石しか持っていません。その代わり、秀吉は全国の港や金山・銀山を所有していました。秀吉は経済力の重要性をわかっていたのです。

言うなれば、かつて中国との貿易を行なった平清盛や足利義満（室町幕府）と同じような感覚を持ち合わせていたのです。そう考えると南蛮貿易、ヨーロッパとの交易に秀吉が目を向けていたとしても違和感はありません。しかし、その入口である朝鮮との交渉を間違えてしまい、結果として朝鮮出兵となったのではないかと思うのです。

しかし、四国や九州を平定するのとはわけが違います。土地に対する情報はもちろん、朝鮮や明がどれくらいの軍勢でどのような戦い方をするのか、ほとんどわかっていなかったと思います。情報も準備も明らかに不足していました。このような状況で開戦したのは、秀吉の明らかな失敗です。そもそも、秀吉は「この戦争は何のために戦うのか」という目的（大義）を掲げることができていませんでした。諸将も「いったい殿下は何をお望みなのか」という心境だったはずです。

昔の秀吉なら、「これはうまくいかない」と考えた時点で早々に手を引いたでしょう。きちんと攻勢限界点を見きわめたはずです。秀吉は、武田信玄と上杉謙信が何度も戦った川中島を訪れた際に、「信玄も謙信も、はかの行かぬ戦《いくさ》をしたものよ（無駄な戦いをしたものだ）」と述べたと言われています。戦国武将のなかでも、きわめて合理的な考え方をした秀吉ならではの逸話です。

しかし、秀吉に意見することができ、実際に朝鮮出兵に反対していた弟の豊臣秀長は、一五九一（天正一九）年に死去しています。その秀長に「内々のことは宗易に」と言わしめた千利休も同年、秀吉により切腹を命じられています。秀吉が一度は後継者と考えた豊臣秀次は、秀頼誕生後の一五九五（文禄四）年、秀吉によって高野山に追放され、のちに切腹させられています。秀吉を止めることができる人物はいなかったのです。

秀吉は、自分の死後の情勢が見えていた!?

秀吉自身は、豊臣政権の存続をどのように考えていたのでしょうか。秀吉は小田原征伐の時に五四歳、文禄の役を始めたのが五六歳、秀頼の誕生が五七歳の時です。平均寿命が現代よりも格段に短い時代ですから、自分の死後については当然考えていたでしょう。

秀吉は遺言状のなかで、五大老に「返《かえ》す返《がえ》す（くれぐれも）秀頼のこと頼み申し候《そうろう》」と認《したた》めているように、自分亡きあとの秀頼の処遇を心配していました。

ここからは学問上の見解ではなく、想像上の物語としてお読みください。秀吉は「豊臣家はだめだろうな。俺が死んだら家康にやられるだろうな」と覚悟していたのではないでしょうか。つまり、豊臣政権は存続できないと考えていた——。

秀吉がその考えに至るとしたら、原因は、秀頼の出自にあったように思います。最新の研究（?）では、秀頼は秀吉の実子ではない可能性が高いと言われています。秀頼の誕生から逆算して、淀殿が妊娠したと思《おぼ》しき期間は、秀吉は朝鮮出兵で九州・名護屋にいました。この時のことを記した史料から、淀殿が名護屋にいたとする説と、大坂城にいたとする説があります。現時点では、後者が有力視されています。そうだとすると、秀吉は、秀頼が自分の子供ではないと知っていたことになります。

家名を重視する人は実子にこだわることなく、養子などで家を存続させます。血よりも家が大切だからです。しかし、秀吉は簡単に大名家を潰したように、家を重視していません。客観的な状況からも、秀吉による豊臣政権の存続にこだわっていなかったのかもしれません。

では、秀吉は、秀頼の行く末をどのように考えていたのでしょうか。

家康に対して「徳川政権ができても、俺が織田一族を皆殺しにしなかったように、秀頼は殺さないでね」と願っていたでしょうし、周囲が「信長包囲網」一色だった時にも信長との清洲同盟を守り続けた〝律義者《りちぎもの》〟の家康なら、遺言を守ってくれると期待していたかもしれません。

結果的に、秀頼は大坂夏の陣で自害し、豊臣家は滅びました。しかし、本当に生き残る可能性はなかったのでしょうか。

たとえば、正室の千姫《せんひめ》（徳川秀忠の長女）がいた頃に、秀頼が「おふくろさま（淀殿）を人質に出します。私は大坂城を出ます。領地も六〇万石ではなく五万石で十分です。監視を受けることも甘受します」と言ったら、家康は秀頼を殺したでしょうか。

大坂冬の陣が終わった時に、家康は「雇い入れた浪人をすべて追放し、秀頼は大坂城を出る」ことを求めています。秀吉が蓄えた金銀と共に、巨大な大坂城に籠ることを家康は嫌気《いやき》したのです。ですから、「お金はすべて幕府に献上します。豊臣の家名だけを残してください」と言ったら、命と家名は残してくれたかもしれません。

他にも、武家の看板を下ろして公家になるプランもあります。秀頼は、秀吉のはからいもあって、五歳で従四位下《じゅしいげ》の官位と左近衛権中将《さこんえごんのちゅうじょう》の官職を得ています。その後も一〇歳で正二位《しょうにい》、一三歳で右大臣《うだいじん》になるなど高位高官を得ています。公家として、天皇家に仕えるわけです。

秀頼が「出家します」と言ったらどうでしょう。さすがの家康も、坊さんに「切腹せよ」とは言わないでしょう。ただ、秀頼の子である国松《くにまつ》（大坂夏の陣のあと落ち延びるも見つかって処刑）も、仏門に入ることを求められるかもしれません。仏門に入ると妻帯できませんから、命は助かりますが、家名はなくなります。

横死《おうし》した信長とは違い、秀吉には晩年が存在しましたし、秀吉自身、老いを意識していたはずです。そうであるにもかかわらず、また用意周到で英邁だった秀吉が、なぜ自分の〝終活〟ができなかったのか。これも謎の一つです。

第三部

徳川家康

——戦わずして敵を屈服させる、最大の軍事革新

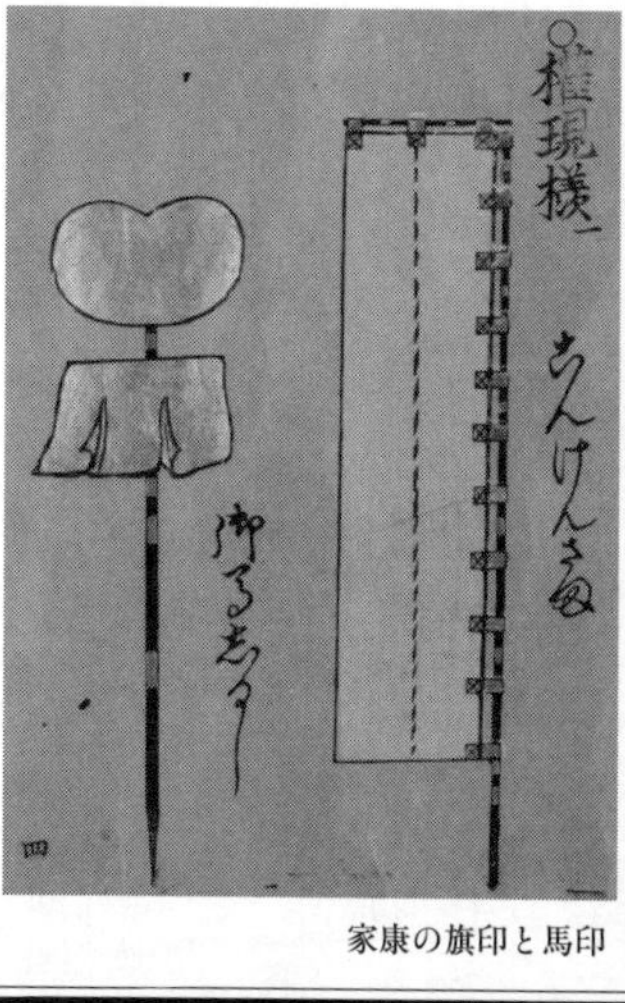

家康の旗印と馬印

「苦難に満ちた人質生活」ではない

徳川家康は一五四二（天文一一）年、岡崎城《おかざき》（現・静岡県岡崎市）の城主にて松平《まつだいら》家当主・松平広忠《ひろただ》と於大《おだい》（水野忠政《みずのただまさ》の娘）の間に生まれました。幼名は竹千代《たけちよ》。

松平氏の祖とされているのが、松平親氏《ちかうじ》です。親氏はもともと徳阿弥《とくあみ》という名で、時宗《じしゅう》の僧侶でしたが、三河国に根を下ろし、松平親氏を名乗るようになったと言われています。その後、松平氏は清康《きよやす》の代で勢力を拡大、三河国を平定。しかし、清康が家臣に殺されると、跡を継いだ一〇歳の広忠《ひろただ》は岡崎城から追放されてしまいます。広忠は駿河国や遠江国を領していた今川義元を頼ると、義元は軍勢を出し、広忠を岡崎城主に復帰させました。こうして、松平氏は今川氏と主従に近い関係となったのです。

一五四四（天文一三）年、於大の兄で忠政から家督を継いだ水野信元《のぶもと》は、隣国・尾張国の織田信秀に寝返ります。於大は離縁されました。これら織田信秀の攻勢に耐えかねた広忠は義元に助力を求め、その代償として六歳の竹千代を人質に出しました。一五四七（天文一六）年のことです。ところが、駿府への護送の途中、竹千代は織田方に奪われ、熱田《あつた》（現・愛知県名古屋市）に二年間、留め置かれるのです（織田氏に竹千代を人質に差し出したという説もあり）。

その後、今川氏と織田氏の人質交換によって、竹千代は今川氏の本拠である駿府に移されました。時に竹千代八歳、一一年間におよぶ人質生活の始まりです。父の広忠は死去していますから、松平氏の当主としての人質でした。岡崎城には、今川氏が派遣した城代が入っています。

駿府での生活は、よく言われる艱難辛苦《かんなんしんく》に満ちたものではありません。竹千代は、義元の政治・外交・軍事における最高顧問の臨済宗《りんざいしゅう》僧侶・太原雪斎《たいげんせっさい》から、教育を受けていました。言うなれば、留学生のような待遇です。

竹千代は一四歳の時に元服《げんぷく》、名を元信《もとのぶ》と改めます。そして一五五六（弘治《こうじ》二）年、今川氏一門で有力家臣の関口親永《せきぐちちかなが》（氏純《うじずみ》）の娘（のちの築山殿《つきやまどの》）と結婚しました。義元は、竹千代が今川氏に仕える重要な人材になることを願い、今川氏の親族衆に近い扱いを与えていたようです。元信はその後、元康《もとやす》と改名しますが、本書は以降、家康で通します。

初陣もこの頃で、今川氏から織田氏に通じた寺部《てらべ》城（現・愛知県豊田《とよた》市）の城主・鈴木《すずき》重辰《しげたつ》を攻め、武功を挙げています。義元は褒美として旧領の一部を返付し、刀を贈っています。

信長の罠、家康の成功

家康の運命を大きく変えたのは一五六〇（永禄三）年、今川義元と織田信長が戦った桶狭間の戦いです。

一九歳の家康は、今川方の武将として約一〇〇〇の軍勢を率いて先鋒をまかされました。任務は、丸根砦攻めと大高城へ兵糧を運び込むことです。本拠の岡崎城が尾張に近く、人質でもあることから、危険な先鋒と兵糧入れを命じられたのでしょう。

第一部で触れたように、丸根砦を含む五つの砦は、信長による〝撒き餌〟でした。今川軍の兵力を分散させ、その隙を衝いて義元の首を狙う作戦です。信長の罠に、今川軍はまんまとかかったわけです。しかも大高城は尾張に深く入り込んだ今川方の最前線の拠点であり、丸根・鷲津両砦の織田軍に身動きを封じられていました。

次の逸話が伝わっています。家康が大高城に偵察隊を放ったところ、最初の偵察者は「城の周辺に織田軍がたむろしていて兵糧入れは困難」と報告しました。しかし、最後の偵察者は「できます」と進言します。その理由は「戦ができるほどの軍勢を整えておらず、兵糧入れ部隊を囲むようにして進めば可能」というものでした。家康はこの意見を採用、兵糧入れを決断したというのです。

五月一八日、今川軍は丸根・鷲津両砦を攻撃。家康は大高城に兵糧を運び入れます。翌一九日の夜明け前、両砦が陥落。家康は大高城に入城しました。しかし夕刻、休息していた家康のもとに、義元の討ち死にと壊滅的な敗戦の報が届くのです。

家康にとって運命の分かれ道です。今川領の駿府に戻るか、それとも今川から解放されたと捉えて岡崎に帰るか。どうする家康？

三河武士は忠義に厚くない⁉

家康の選択はどちらでもありませんでした。岡崎に帰還して、岡崎城を拠点に織田方との戦いを続ける決断をしたのです。

大高城を出た家康は織田軍の追撃を受けながら、岡崎に戻りますが、岡崎城ではなく松平氏の菩提寺である大樹寺《だいじゅじ》（現・愛知県岡崎市）に入りました。手勢はわずか一八人。寺を囲んだ軍勢に絶望した家康は、先祖の墓前で自害しようとします。

そんな家康に、住職の登誉天室《とうよてんしつ》は「厭離穢土《おんりえど》 欣求浄土《ごんぐじょうど》」を説きました。つまり「戦乱の世を住みよい浄土にするのがおまえの役目だ」と諭したのです。家康は奮起すると、約三〇〇人の僧兵と共に軍勢を退散させました。この時、一〇〇人ほどの僧兵が討たれています。以来、家康は「厭離穢土 浄土欣求」を馬印として掲げるようになったと言われています。大樹寺に残された逸話です。

ところで、大樹寺の家康を襲った敵は織田軍ではない、と私は考えています。織田軍が桶狭間を過ぎて、三河まで攻めてくるとは考えにくいのです。では、家康を襲ったのはどこの者か？

それは三河武士だと思います。大樹寺から岡崎城までは直線距離で約三キロメートル、けっして遠くありません。しかも、寺より城のほうが防御力は高い。さらに今川方の城代がいるとはいえ、家康の帰還を三河家臣団が首を長くして待っているとしたら、何があっても岡崎城に入るのが普通です。であるにもかかわらず、家康は岡崎城に入っていません。なぜでしょう。

おそらく家康は、三河武士を完全には信用していなかったのではないでしょうか。父親の広忠は跡を継いだ時に城を追い出されていますし、伯父である水野信元が織田氏に走っています。このような過去を眺めれば、「これまで離れて暮らしてきた俺を当主として担いでくれるだろうか」という疑念が生まれてもおかしくありません。それに戦国の世ですから、家康の首を挙げて一旗揚げようとした武士もいたことでしょう。だから家康は岡崎城に入らなかったのです。大樹寺で様子を窺《うかが》っていたのでしょう。

家康・秀忠・家光《いえみつ》三代に仕えた旗本《はたもと》・大久保忠教《おおくぼただたか》（彦左衛門《ひこざえもん》）の著書『三河物語《みかわものがたり》』によって、三河武士は忠実で我慢《がまん》強く、戦いに強かったというイメージが定着しています。また、家康が駿府で人質になっていた時期、岡崎の家臣たちはひたすら家康の帰りを待っていたとの話も伝わっています。

しかし、私はストレートに首肯できません。なぜなら、家康は武田信玄が没するまでに武田軍とは何度も戦っていますが、全敗しています。もちろん、それだけ武田軍が強かったということでもありますが、それでも一度くらいは勝ってもよさそうなものです。ただ、信玄に完膚《かんぷ》なきまでに叩きのめされた三方ヶ原の戦い（後述）以降、大坂夏の陣までほぼ連勝ですから、三河武士が弱くないことは事実です。

彦左衛門が挙げた「忠実」、言い換えれば「忠義」「忠誠心」を重んじることで、主従関係の結びつきは強くなります。強い主従関係は家臣団の結束力を育《はぐく》み、それが戦場で発揮されれば、その軍隊は精強無比となります。

家康が人質だった一一年間、この主従関係は希薄でした。家康は桶狭間の戦い以降、家臣との関係構築に努めます。家臣に信用・信頼される主君になるために、正当な評価を心がけ、働きに見合う恩賞を与えるなどをしていきました。つまり、三河武士は最初から忠実で戦いに強かったわけではなく、だんだんと家康と家臣団の結びつきが強まり、それが強さへと変わっていったのです。

人質を見捨てる

大樹寺を出た家康は、岡崎城の敷地に入ります。しかし、城内には入りません。家臣たちがしきりに「入りましょう」と言っても、「今川殿のお許しがない」と首を振り続けます。城内には城代として今川の武将が詰めていたからです。桶狭間の敗戦から四日後に城代が退去すると、はじめて城内に入りました。

家康の岡崎城入りにおける信義立ては、「三河殿の律義さよ」と今川家中で評判を呼びました。ついに一一年間の人質生活から解放されたわけですが、今川氏と手を切ったわけではありません。もしこの時、今川氏からの離反・独立を選択していたら、どうなっていたでしょうか。

駿府には妻の築山殿、嫡男の信康《のぶやす》（二歳）、嫡女の亀姫《かめひめ》（一歳）、さらに家康の重臣たちの子弟も残されたままでした。これらは人質であり、今川氏と決別すれば、殺されたでしょう。それを避けるためにも、今川氏へ恭順の意を示したのです。

家康は岡崎城に入城すると、すぐさま周囲の織田方の城へ攻勢をかけ、西三河（岡崎周辺）を制圧します。しかし多勢に無勢、織田軍の圧力の前に劣勢に追い込まれてしまいます。家康は今川家を継いだ氏真《うじざね》に救援を求めながら、義元の弔《とむら》い合戦《がっせん》を何度も催促します。しかし氏真は、そのそぶりすら見せません。今川氏は北条氏と同盟を組んでおり、その北条氏は当時、攻め込んできた上杉謙信と戦っていました。氏真は北条氏に援軍を出すのが精一杯で、家康への支援に動こうとしませんでした。

桶狭間の戦いからほぼ一年、ついに家康は氏真を見限り、今川氏と同族の吉良《きら》氏などを攻撃し始めます。家康は一五六一（永禄四）年、東三河の今川方の拠点である牛久保《うしくぼ》城（現・愛知県豊川《とよかわ》市）を攻撃しました。これにより、今川氏からの独立・決別の意志を明らかにしたわけですが、人質はどうなったでしょうか。

結論を言えば、家康の妻子は無事でしたが、重臣たちの子弟は殺されました。家康の妻子が無事だったのは、妻・築山殿の父親が今川氏の一門だったからと思われますが、史料が乏しく、よくわかっていません。

〝捨て石〟にされた家康

今川氏への決別という旗幟《きし》を鮮明にした家康は、織田信長に属する伯父・水野信元のすすめもあって、織田氏への接近をはかります。

家康は、「家康の懐刀《ふところがたな》」と呼ばれた家臣・石川数正《いしかわかずまさ》を交渉役にすると、信長との同盟を進めますが、両家は信長の父・信秀と、家康の祖父・清康および父・広忠が戦っていた経緯から家臣団の間でも遺恨が強く、交渉は難航しました。とはいえ最終的には、信長と家康の間に清洲同盟が締結されています。利害が一致したのでしょう。

一五六三（永禄六）年、元康から家康に改名します。元康の「元」の字は今川義元からもらったものですから、ここにも今川氏への決別が見て取れます。

清洲同盟は攻守同盟です。つまり、どちらかが攻められたら、もう片方は助けに行く、というものです。家康は同盟締結後、どんなに状況が変化したり、危機に陥ったりしても、けっして同盟を破ろうとはせず、信長が本能寺の変で横死するまで守り通しました。

ちなみに、破約になった同盟で有名なのが、一五五四（天文二三）年に武田氏と北条氏と今川氏の間で結ばれた甲相駿三国同盟《こうそうすんさんごくどうめい》です。先に、今川氏真が北条氏に援軍を出したことに触れましたが、この同盟にもとづいてのものです。

甲相駿三国同盟は攻守同盟ではなく、和平協定です。すなわち、互いに攻め合うのは止めようね、という取り決めです。北条氏は西からの攻撃がないため、関東平定を目指すことができます。いっぽう武田氏も後方から攻められないことが前提になれば、信濃国、越後国へ迫ることができます。今川氏は背後への脅威がなくなりますから、東海道沿いに勢力拡大をはかることができます。つまり三氏の思惑・利益が一致したわけです。これは、今日の地政学にも通じます。

大名どうしで同盟を結ぶ場合、婚姻によって家と家の関係を深くします。この場合も、同盟を結んだうえに、さらに婚姻による二重三重に深い結びつきを持っていました。

この同盟を反故《ほご》にしたのが、武田信玄です。信玄は、上杉を滅ぼして直江津《なおえつ》（現・新潟県上越市《じょうえつ》）を手に入れることが難しいことを悟ると、今川義元が戦死したことを受けて、駿河国に侵攻します。信玄の領国は山間部で海がなく、貿易ができる港を求めていました。今川氏の領国にある江尻湊《えじりみなと》（現・静岡県清水市《しみず》）を欲したのです。

このように、戦国大名間の約束は状況次第で破られることが常識であり、それを前提に結ばれていた節《ふし》すらあります。信長と浅井長政も最終的に決裂したことは、第一部で触れた通りです。むしろ、家康が信長との同盟を律義に守り続けたことがレアなのです。

しかも、清洲同盟で家康に与えられた役割は武田氏への壁、つまり武田氏からの攻撃に対する備えです。信玄が率いた武田軍は恐ろしく強く、攻撃を受けるたびに、家康は信長に援軍を求めました。ところが、信長はロクに援軍を送りません。たとえば、信玄が西上作戦を開始して徳川領に攻め込んだ時、家康は信長に救援を請《こ》うのですが、やってきた援軍はわずか三〇〇〇でした。信長が、家康を〝捨て石〟と見ていたとしか思えません。私は、よくあそこで家康は武田につかなかったなあ、と思うのです。

また、信長の周囲が敵だらけで「信長包囲網」が形成されていた頃、家康が包囲側に寝返ることもありませんでした。これらの行状から、「律義な徳川殿」と言われるようになります。徳川家康という人は信用できる、との評判を獲得したわけです。このことはのちのち、大きな意味を持ってきます。戦わずして相手を屈服させる、あるいは有利な状況をつくる家康の軍事的特徴の萌芽《ほうが》です。

家康は一五六二（永禄五）年、今川方の上ノ郷《かみのごう》城（現・愛知県蒲郡《がまごおり》市）を攻め、城主の鵜殿長照《うどのながてる》を討ち果たします。そして、捕らえた息子の氏長《うじなが》、氏次《うじつぐ》と、駿府の妻子との人質交換を行なうのです。妻子は岡崎に戻ってきましたが、岡崎城ではなく城外の屋敷に住まわせました。ここに築山《つきやま》があったことから、妻は築山殿と呼ばれるようになりました。なお築山殿の父である関口親永は、家康が信長と同盟を結んだことで氏真の怒りを買い、正室と共に自害しています。

騙す家康

岡崎城主となった家康は、三河統一(平定)に着手します。その家康の前に立ちはだかったのが、一向宗でした。一五六三(永禄六)年、三河一向一揆が起こります。三河一向一揆は、三方ヶ原の戦い、神君伊賀越えと共に、家康の三大危機とされています。

三河国では当時、本證寺《ほんしょうじ》(現・愛知県安城《あんじょう》市)、上宮寺《じょうぐうじ》(現・同県岡崎市)、勝鬘寺《しょうまんじ》(同)が「三河三ヶ寺《みかわさんかでら》」と呼ばれ、勢威を振るっていました。彼らは寺内町《じないまち》(一向宗寺院を中心に形成された町)をつくると、流通機構を掌握して大きな経済力を有しました。家康の家臣たちのなかには、お金を借りている者もいました。

事《こと》の発端は、家康の家臣が上宮寺から兵糧米を強制徴収したことでした(異説もあり)。翌年一月、一揆勢八〇〇人が上和田砦《かみわだ》(現・愛知県岡崎市)に攻め寄せると、大久保一党《おおくぼいっとう》と激戦になりました。大久保一党とは、譜代の家臣として幕末まで続いた大久保氏のことで、前述の彦左衛門の他にも、忠世《ただよ》(小田原藩祖)、忠佐《ただすけ》(沼津《ぬまづ》藩主)らを輩出しています。救援に駆けつけた家康が鉄砲で狙われるなど、危うく命を落とすところでした。

やがて一揆勢の勢いが弱まると、家康は罪を問わないことを条件に帰順を促します。寺院側は和睦を申し入れ、武装を解除しました。家康は、この時を待っていました。武装解除が成り集団が解かれると、寺院の破却や僧徒追放を断行。領内で一向宗を禁止したのです。鮮やかな作戦勝ちです。前項で見た、家康の律義さとはまったく逆ですが、これが政治というものでしょう。

一揆側には、家康と対立した領主層だけでなく、本多正信《ほんだまさのぶ》、石川康正《やすまさ》（数正の父）、酒井忠尚《さかいただなお》など、家康の家臣たちもいました。この、主人を敵に回して戦うというところが、戦国時代の武士の特徴です。主従関係より、信仰や利益を重視したわけです。実際、自分の働きを評価しない主人だったら、簡単に見限りました。これは、何よりも忠義が求められた江戸時代の武士とは、決定的に違う点です。

本多正信は一揆勢を率いていたこともあり、一揆鎮定後は出奔すると、放浪の旅に出ます。その後、大久保忠世のとりなしで帰参しました。このように、一揆側についた家臣たちの多くは許されて戻りました。当時の松平氏は、彼らに復帰してもらわないとやっていけない程度の勢力だったのでしょう。

こうした家臣たちですから、家康が桶狭間の戦い後にすぐに岡崎城に入らなかったことは当然ですし、三河武士は忠義一徹だったとの話も鵜呑《うの》みにできないわけです。

武士から武将へ

アバウトな算数の話をしてみます。北関東の戦国大名だった結城家は、一五五六(弘治二)年、桶狭間の戦いよりすこし前に「結城家法度《ゆうきけはつと》」を制定しました。そのなかで、「五貫《かん》の耕地を持つ者は徒《かち》で戦に参加せよ、一〇貫の者は馬に乗って参加せよ、一五貫ならば侍《さむらい》として参加せよ」とあります。徒とは徒歩のことです。馬の数が多すぎるような気がしますが、一五貫の土地を領有すると、侍＝武士としてカウントされるわけですね。

では、一五貫の耕地を持つ者はどういう形で出陣するかというと、自身は騎馬武者となり、二人の従者が付随するイメージです。この場合、従者二人は歩兵ということになります。目安として、全国的な「一貫＝二石」という基準があります。一石が一〇万円くらい(これまたアバウトですが)とすると、一五貫は三〇〇万円くらいになります。

現在、日本国民の平均年収は四三三万円(国税庁「令和2年分 民間給与実態統計調査」)ということですので、現代のビジネスパーソンは戦国時代に「異世界転移」すると、多くが〝武士扱い〟になりますね。

「侍として認められた一人の騎馬武者には二人の従者がつく」。これをルールAとして、徳川の軍制にあてはめてみます。三河国を平定した家康は、軍を三つに分けました。東三河勢、西三河勢、家康直属勢です。東三河は酒井忠次に率いさせ、西三河は石川家成《いえなり》、のち石川数正に統轄させました。三河国は三〇万石ですから、総兵力は七五〇〇人くらい。三軍が同じ兵力とすれば、各二五〇〇となります。

ここで注目したいのは、のちに徳川直臣団の出世頭（徳川四天王がこれ）となる本多忠勝、榊原康政です。同年齢の彼らは家康の旗本に属し、家康の三河平定時は一九歳にして、それぞれ五〇騎ほどを部下として家康から預かっていました。ここにルールAを適用すると、忠勝と康政は騎馬五〇に歩兵一〇〇を預けられた、ということになります。この他に、彼ら自身の家来がいたでしょうから、家康直属の本多隊、榊原隊は二〇〇人弱ということになります。

この数字は近代の軍隊で言うと、中隊となります。中隊長までは、中隊長みずから「俺についてこい！」と、先頭切って突撃するときわめて効果がある、すなわち士気がぐっと上がります。このことは、近代的な軍事サンプルで明らかになっています。しかし、中隊長より上、大隊長、連隊長が兵隊の先頭に立っても士気は上がらない。もちろん、相当な年齢となる師団長や軍団長が、ランボーのように一人で突撃することなどありえません。つまり、部隊は大規模になればなるほど、指揮官は後方にいて広い視野で指揮をしたほうが合理的なのです。

以上から推測するに、二〇歳頃の忠勝や康政は、馬上で槍をしごきながら「オレが真っ先に行くから、みんな続け！」と叱咤激励していたことが想像できます。まさに『三国志』の英傑のイメージです。二〇〇人なら、マイクを使わなくても怒鳴れば聞こえるだろうし、ありえなくはない。

家康の旗本部隊の人数を考えれば、忠勝や康政のような存在が一〇人くらいはいたでしょう。そのなかで、特に功績を挙げたか、部隊を指揮する能力を買われたかして、忠勝と康政はさらに多くの軍勢を指揮する立場になっていった。武士から武将へと昇進していった。そう考えるのがリーズナブルです。もちろん、中隊長より上の立場になった忠勝、康政は、もはや一騎駆けなどしなかったでしょう。

よく、豊臣秀吉が「東の勇者は本多忠勝、西の勇者は立花宗茂《たちばなむねしげ》（終章で詳述）」と賞賛したと言われていますが、それが本当だったとしても、忠勝も宗茂も一騎駆けの豪傑として卓越していた、という意味ではないのです。

ストレスで性欲減退!?

家康に、三河国外に版図を広げるチャンスが飛び込んできました。織田信長を介して、武田信玄から今川領への侵攻を持ちかけられたのです。信長が間に入ったのは、信長と信玄が一五六五（永禄八）年に甲尾同盟《こうびどうめい》を結んでいたからです。ちなみに信長は同年、信玄の世子・勝頼に養女を嫁がせています。

家康は、信玄を戦国武将として畏敬していました、のちに、信玄が亡くなったことを知った家康は「若年の頃より信玄が如《ごと》く弓矢《ゆみや》を取りたしと思ひたり」と述べたことが、江戸幕府の公式史書『徳川実紀《とくがわじつき》』に記されています。その信玄と、「大井川《おおいがわ》（現・静岡県）を境《さかい》に、信玄は駿河国、家康は遠江国を切り取り次第領有」という密約を結んだのです。

一五六八（永禄一一）年、信玄が駿河侵攻を開始すると、家康も軍事行動を起こします。しかし武田軍は、徳川領としたはずの遠江国に侵入してきました。意図的に攻め込んだのでしょう。相手に隙があると見るや、攻めてくることは戦国大名がよく行なう手であり、領地欲に飢えた彼らの性《さが》でもあります。結局、家康の抗議で武田軍は引いたものの、家康の信玄に対する不信感は消えません。以降、徳川と武田の抗争が表面化していきます。

遠江国を手中にした家康は一五七〇（元亀元）年、信長のすすめで曳馬城《ひきま》（現・静岡県浜松市）に入ると、これを浜松城と改称して、以降一七年間、在城しました。

家康が浜松城に入った一五七〇年から、一五八二（天正一〇）年に武田氏が滅亡するまでの一二年間、家康の関心およびエネルギーは、もっぱら武田信玄・勝頼への対処に割《さ》かれました。本国の三河国は武田氏の領国・信濃国と国境を接していますし、遠江国には武田軍が侵入してきます。徳川軍が一度でも勝利していれば一躍、天下に名が轟《とどろ》いたでしょうが、前述のように負け続けました。信長からすれば、我慢強く武田軍の侵攻を防いでくれたということになります。

家康がどれほど武田氏を恐れたか、それは子づくりからも見て取れます。この時期は、子供が少ないのです。家康は六六歳で末子《ばっし》をつくっていますから、健康体と言えます。しかも、徳川家の安泰を考えて、積極的に子づくりに励《はげ》んだ形跡もあります。

たとえば、家康は側室に家柄を（もしかするとルックスも）求めませんでした。求めたのは子供が産めるか否か、だったようです。当時は死産および幼児死亡率が現代とは比較にならないほど高く、そのためか、家康の側室のなかにはすでに別な男性の子供を産んでいた女性もいました。彼女なら妊娠しやすく、丈夫な子供を産めるだろうと考えたのかもしれません。

その結果、家康は生涯で一六人の子供を持ちました。正室・築山殿の子は信康と亀姫のみで、他の一四人はすべて側室が産んでいます。このうち、武田氏がともかく強かった長篠の戦い（一五七五年）以前には、次女・督姫《とくひめ》、次男・秀康しか生まれていません。しかも、秀康は長く認知していませんでした。家康の年齢は二九歳から三四歳にあたります。人生でもっとも多く女性と交渉を持つのが普通で、いわば男盛りです。

であるにもかかわらず、子供が少ない。私は、これには「武田氏ストレス」があると考えています。つまり、性欲・精力減退に陥るほど深刻なストレスを抱えていたのではないでしょうか。性欲・精力減退は男性ホルモンの減少に起因し、男性ホルモンの分泌量はストレスに左右されるそうです。

信長からのすすめもありましたが、本拠地を岡崎から浜松に変えたのも、武田対策を深刻に考えていたからでしょう。多くの戦国大名が、地元に本拠地を置きました。例外が信長で、前述のように、何度も居城を移しています。本拠地は領土の中心地にあるべきと考えていたからだと言われています。しかも徐々に京都へと近づいています。

しかし家康は、もともとの本拠地から離れただけでなく、京都から遠ざかっています。何よりも、武田氏との戦いを重視したからでしょう。家康という人は、つくづく真面目な人だなあと感心します。

なぜ三方ヶ原の戦いに挑んだのか

一五七二（元亀三）年、武田信玄は西上作戦に打って出ます。領民に異例の重税を課して兵糧をつくると、総勢三万で侵攻を開始しました。

いつもなら、越後国の上杉謙信などに対する抑えとして留守番部隊を置くのですが、今回はほぼ全軍での軍事行動でした。信玄は越中の一向一揆勢に工作を行ない、謙信が信濃国に攻め入ってきた時は、一揆勢が謙信の居城・春日山《かすがやま》城（現・新潟県上越市）を囲むことになっていたのです。これなら、謙信は迂闊《うかつ》に動くことができません。

この頃、信玄は嘔吐《おうと》や下血《げけつ》を繰り返していました。おそらく、がんだったのでしょう。信玄自身が余命を感じ取り、人生最後にして最大の作戦を敢行したのです。

武田軍は、北から遠江国に攻め入りました。迎え撃つ徳川軍は八〇〇〇。小規模な城が一〇ほどありましたが、家康が選択したのは、浜松城の北に位置する二俣《ふたまた》城（現・静岡県浜松市）に防御の兵を集中させて、武田軍を足止めする作戦です。三万対八〇〇〇では、得意の野戦でも勝負になりませんから。二俣城で時間を稼いでいる間に、織田信長に救援を要請し、浜松城で籠城戦に持ち込もうとしたのです。

二俣城は天竜川《てんりゆうがわ》と二俣川《ふたまたがわ》の合流地域に築かれた城で、いわば天然の堀を有した堅城《けんじよう》です。ただ城には井戸がなく、天竜川沿いの断崖に櫓《やぐら》をつくって水を汲《く》み上げていました。武田軍はその櫓を破壊して水を断《た》ち、落城させたのです。それでも三カ月間かかっています。その間に、信長からの援軍も到着しました。しかし、わずか三〇〇〇……。

家康は、この三〇〇〇を加えた一万一〇〇〇で浜松城に籠城します。「信玄よ、来るなら来い」というところでしょうか。ところが、信玄は浜松城を素通りしていきます。家康は屈辱を覚え、怒りにまかせて出撃した――と言われています。

しかし私は、そうは考えていません。一五七〇（元亀元）年の金ヶ崎の戦いでは、朝倉義景軍を追い詰める織田信長軍の背後から、浅井長政軍が突然、襲いかかりました。この時、信長は防戦など考えず、一目散に逃げました。軍隊にとって、背後はそれだけ無防備で、そこを衝かれることは大きなリスクなのです。

逆に言えば、背後を攻めるチャンスが生まれると、戦国武将の本能として動いてしまう。家康も信玄が背中を見せた時、「これなら勝てる」「今こそ勝機」と城を出たのではないでしょうか。つまり、出撃したのは戦国武将の本能だと思うのです。

しかし、それこそ信玄の策でした。あえて背中を見せることで、家康を城の外へおびき出し、野戦に持ち込もうとしたのです。信玄といえども、籠城する一万一〇〇〇の将兵を攻めるには、それなりの犠牲を覚悟しなければなりません。籠城する敵を攻撃するには、防御側の三～五倍の兵力が必要です。この場合、三万三〇〇〇～五万となりますから、三

す。万の武田軍が確実に勝てるとは言えません。だから、徳川軍を城から出そうとしたので

浜松城から出た徳川軍を、武田軍は迎撃準備を整えて待っていました。両軍は三方ヶ原で激突、戦いが始まりました（三方ヶ原の戦い）。戦闘開始から二時間ほどで徳川軍は甚大な被害を受け、敗走します。敗走のさなか、家臣の夏目吉信《なつめよしのぶ》は家康を逃がそうと、「我こそは家康なり」と名乗りを上げ、討ち死にしました。吉信は三河一向一揆で一揆勢につきましたが、家康に許されて帰参していました。

三方ヶ原の戦いは前述のように、家康の三大危機の一つですが、最大の危機と言ってもいいでしょう。家康は殺されるという恐怖で脱糞しながら浜松城へ逃げ帰ったとの逸話が残っています。

勝利した信玄は三方ヶ原周辺に留《とど》まって越年し、野田城《のだ》（現・愛知県新城市）を攻めます。信玄の狙いは野田城を攻略し、その南方に位置する吉田城《よしだ》（現・同県豊橋市《とよはし》）を落とすことにありました。そうすれば、浜松の家康と岡崎の信康が分断され、各個撃破が容易になるからです。信玄は家康の首を取ろうとした、あるいは家康を降伏させて武田方に取

り込もうとしたのです。

家康を倒すか、従わせることができれば、少なくとも遠江国、うまくいけば三河国も手に入ります。それが西上作戦の目的だった、信長を滅ぼして京に上るなどとは信玄は考えていなかった。私はそう見ています。

しかし、野田城を攻めている時に信玄の体調が崩れ、甲斐国に帰ることになります。その途次、信玄は駒場《こまば》（現・長野県下伊那郡阿智村《しもいなぐんあちむら》）で息を引き取るのです（異説あり）。享年五三。

三方ヶ原の戦いにおいて、家康は何もいいところがありません。信玄が死んでくれたおかげで助かった。運が良かった。ただし古今東西、運が悪い天下人など聞いたことがありません。月並みな表現で恐縮ですが、「運も実力のうち」です。

信康切腹の真相

一五七九（天正七）年、家康の嫡男・松平信康は武田勝頼に内通した咎《とが》で、織田信長の命により自害に追い込まれました。その真相についてはさまざまな説がありますが、近年、有力視されているのが、「家臣団の対立説」です。家康と信康、双方の家臣団の対立があったというのです。

家康は岡崎から浜松に移る際、三河国の経営を信康にまかせました。信康は岡崎城主となり、独自の家臣団がつけられます。後見役を務めたのが、石川数正でした。浜松の家臣団は家康に忠節を尽くすいっぽう、岡崎の家臣団は信康に忠義を示すようになります。家康と信康の考え方に齟齬《そご》が生じた場合、家臣団に対立が生まれるようになったのです。

前述のように、当時の家康は武田氏の脅威にさらされていました。家康を中心とする浜松グループは、信長との同盟を後ろ盾に武田氏に対抗する強硬派です。いっぽう、信康を戴《いただ》く岡崎グループは、敵対関係から融和路線に舵《かじ》を切ろうとしていました。

一五七五（天正三）年、長篠の戦いの直前に、岡崎グループによる武田氏への内通の動きが発覚します。武田方の調略によるものと言われています。家康は首謀者ら全員を粛清するなど迅速に対応し、未然に防ぎました。妻の築山殿がかかわっていたという説もありますが、家康は信康と築山殿の関与はなかったとして、信長には知らせませんでした。

しかし四年後、信長は信康の正室・五徳《ごとく》からの手紙で事件を知ります。五徳は信長の長女であり、九歳で信康に嫁ぎました。娘二人を産んだものの、男子を欲する築山殿が何人もの側室を用意したことで、嫁姑関係と夫婦関係は険悪な状態に陥っていました。

そのようななか、酒井忠次が安土城の信長のもとに赴くというので、五徳は、信長あての手紙を託します。そこには、信康と築山殿の不行跡が一二カ条にわたって列挙されていました。信長が目を留めたのは、「築山殿は浮気相手の医師を通じて武田氏とつながっている」との一条です。信長は忠次に、その一条を含むすべてが事実か否かを詰問しました。忠次は「そんなことはありません」と申し開きをするのかと思いきや、何も反論しませんでした。信長は家康に、信康に切腹させるよう命じます。

ここで、家康と築山殿との関係について述べておきましょう。築山殿は桶狭間の戦い直前に亀姫を産んで以来一〇年、一人も子供を産んでいません。彼女は今川氏の有力家臣の娘ですから、夫婦関係は妻が強かったようです（このつらさはよくわかる）。それが今川義元の死によって、立場が逆転しました。築山殿は家康と共に浜松城に移ることなく、岡崎に留まっています。家康も別段、気を使った様子はうかがえませんから、夫婦仲は冷え切っていたと思われます。嫁との不和もあり、築山殿が不満を持っていたことは想像に難くありません。

家康は信長と同盟を結んでいるとはいえ、信長に従属する立場にありました。信長が事実を知った以上、信長の命令に背《そむ》くことはできませんし、自身の運命を信長に委《ゆだ》ねる覚悟を示さなければなりません。

いっぽうで、家康は岡崎グループによる武田氏への内通の裏づけを得ていた、と私は見ています。ならば、武田氏との融和派を一掃して家臣団の統一をはかるうえでも、いずれ何らかの処断をしなければならないと考えていたはずです。つまり、信康の処分には家康の意思が入っていた可能性があります。ただし、それが切腹、つまり信康の死まで望んだとは思えません。信長の命令でなければ、注意で止め、命は助けたでしょう。ですが結局、家康は二人への処分を決断します。信康は二俣城で切腹、築山殿は殺されました。

「おまえも息子はかわいいか」

前項の酒井忠次の行状からは、「忠義と結束力を代名詞にする三河武士」とは程遠《ほどとお》い印象を受けます。家康にすれば、「忠次がすこしでも申し開きをしてくれたら、信康は死なずにすんだのに」と、不満と不信を募らせたでしょう。

三河武士は律義者で忠義心が強く、結束力が強い反面、頑固《がんこ》で融通が利かない一面もあります。また、結束力も縁故関係など身内意識によるところが大きいとも言われます。忠次にも、頑固な一面があります。

忠次は、長篠の戦いにおいて、信長に鳶ヶ巣山砦の攻略を献策するなど勝利に貢献しました。甲州征伐の際には、家康から指揮官を命じられています。これらのことから、研究者のなかには「忠次は家康に嫌われていたというのはウソ」と言う人もいます。確かに、忠次は家康の叔母を妻としていますし、家康も忠次を第一の功臣と認めています。

しかし私は、家康は忠次の能力は認めても気を許してはいなかった、少なくとも信康を失った理由は忠次にもあると考えていた、と見ています。その理由に、酒井家の石高があります。

家康は関東転封の際、家臣たちに領地を与えました。徳川四天王を見ると、井伊直政が一二万石、本多忠勝と榊原康政が一〇万石を得ていますが、筆頭の酒井家は嫡男・家次《いえつぐ》に代替わりしていたとはいえ、わずか三万石（三万七〇〇〇石の説もあり）でした。徳川四天王のうち、これはどう見ても少なすぎます。家康が忠次を嫌っていたとしか思えないのです。

関ヶ原の戦い後に家康が加増した際には、家次が戦場に遅参したこともあってか、酒井家は加増なし。榊原康政も加増されていませんが、井伊直政は一八万石、本多忠勝は次男・忠朝《ただとも》の分を合わせて一五万石に増えています。

次のような逸話も残っています。隠居の身となった忠次が、家康に息子・家次の加増を願い出たところ、家康は忠次に「おまえも息子はかわいいか」と言ったというのです。

関ヶ原の戦いから四年後となる一六〇四（慶長九）年、家康はやっと酒井家に高崎《たかさき》藩（現・群馬県高崎市ほか）五万石を与えます。でも、五万石。家康が亡くなり、秀忠が実権を得ると、酒井家はすぐに高田《たかだ》藩（現・新潟県上越市ほか）に転封され、一〇万石となりました。その後、子孫は庄内《しょうない》藩（現・山形県鶴岡《つるおか》市ほか）一七万石に転封・加増され、譜代屈指の大名となりました。

おそらく、家康は忠次に対して不満を持っていたけれど、その能力を活かすため、また家臣団の結束を重視したために〝我慢〟していたのでしょう。このことからも、家康と家臣の強い結びつきは、最初から存在したものではなく、徐々につくり上げられていったことがわかります。

高天神城の戦いと武田氏滅亡

武田信玄が亡くなっても、家康と武田氏の戦いは終わりませんでした。跡を継いだ勝頼が侵攻してきたからです。前述の内通未遂事件も、その流れのなかに位置づけられます。家康と勝頼との戦いは一五七四（天正二）年、武田氏との国境近くにある高天神城《たかてんじん》（現・静岡県掛川市《かけがわ》）をめぐって始まりました。

高天神城はもともと今川氏が領有していましたが、桶狭間の戦い後に今川氏の勢力が弱まると、城主・小笠原氏興《おがさわらうじおき》は徳川方につき、徳川氏の支配下に置かれます。信玄は存命の頃、絶えず遠江国に入り込もうとしていましたが、その最前線にあった城です。

このように、敵対する勢力の境界に位置する城を「境目の城《さかいめのしろ》」と言います。その多くは、険《けわ》しい丘陵地など防備しやすい場所につくられました。戦場の最前線ですから、城下町や広い農地はありません。つまり、城を取っても経済的においしいことは何一つありません。しかし武田氏にすれば、高天神城を落とさないと西方に領土が広がりません。いっぽう徳川氏にすれば、領国が広がって境目が移動したら、高天神城は役割を終えることになります。

勝頼は高天神城を奪取するために、二万五〇〇〇もの軍勢を率いて攻撃してきました。家康は織田信長に援軍要請を出しますが、間に合わず、高天神城は落城しました。今度は武田側の境目の城として機能することになったわけです。しかし境目の城は、他の地域から物資を運び込まなければならず、維持することが難しく、またコストもかかります。

翌年、織田・徳川連合軍と武田軍との間で、長篠の戦いが起こります。既述しているように、信長は最新鋭の鉄砲を用いて武田軍を撃破。多くの名将を失った武田軍は急速に衰退していきました。

長篠の戦いから三年後の一五七八（天正六）年、高天神城外で徳川軍と武田軍の間に小《こ》競《ぜ》り合いが起こります。この頃、家康は高天神城の周囲に六つの砦を築いています。一五八〇（天正八）年、家康は五〇〇〇の軍勢を率いて高天神城を包囲、兵糧攻めを行ないます。城将・岡部元信《おかべもとのぶ》は勝頼に救援を求めるものの、信長が甲斐国に侵攻をうかがっていますから、勝頼は動けません。翌年、高天神城から降伏の申し出がなされますが、信長の指示もあり、家康は不許可。最後の攻撃に出た岡部以下を討ち取り、高天神城はふたたび徳川氏のものとなりました。

この戦いで救援要請に応じることができなかった勝頼を見た配下は、徐々に勝頼から離れていきました。木曽義昌《きそよしまさ》や穴山信君らが、信長に寝返ったのです。内部崩壊です。一五八二（天正一〇）年、天目山の戦いで敗れた勝頼は自害、武田氏が滅亡しました。家康は、信長から武田氏の領国だった駿河国を与えられました。

同年、本能寺の変で信長が横死すると、旧武田領を支配していた信長の家臣は一斉に逃げ出しました。この空白地帯に乗り込んだのが、家康、北条氏直、上杉景勝です。甲斐国、信濃国、上野国《こうずけ》（現・群馬県）の一部をめぐって、家康は氏直と争いました（天正壬午《てんしょうじんご》の乱）。対陣が三カ月ほど続きましたが、家康は娘の督姫を氏直に嫁がせる条件で和睦します。

こうして、武田の遺領は徳川氏が信濃国と甲斐国、北条氏が上野国を獲得する形で分割されました。家康は五カ国（駿河国、遠江国、三河国、甲斐国、信濃国）を領有する大大名となったのです。

家康には軍事的才能がない!?

このように、家康はたった数年で二カ国から五カ国を領有するまでになったわけですが、この時の飛躍がなければ、天下人にはなれなかったでしょう。

天下統一の事業は織田信長が始めて、豊臣秀吉が完成させ、家康が集大成しました。しかし、家康が三河時代から天下統一を意識していたかと言えば、それはないでしょう。そもそも、天下統一という発想を生み出すことはできなかったと思います。信長が存在しなかったら、存在しても信長と同盟を結んでいなかったら、よくて数カ国を統治する大名で終わったのではないでしょうか。

実際、武田氏との戦いで、家康はキラリと光るものを見せていません。信玄に負け続けました。信長の協力がなかったら、勝頼との抗争すら戦い抜くことは不可能だったでしょう。信玄などの戦《いくさ》上手に通じなかったということは、家康の軍事はあまりにも常道で手《て》堅《がた》いのかもしれません。軍事に関しては平凡で、優れた発想には縁遠いように感じます。

ただし視点を変えれば、強大な武田氏と戦ったことで経験値が蓄積されたと見ることもできます。このキャリアはのちのちの戦いに活かされていきます。才能のない人でも、経験知の蓄積は大きな力になりますから。

才能がないといっても単なる凡人ではなく、努力を続ける人です。家康は勉強も好きでしたし、死ぬまで乗馬や水泳、鷹狩《たかがり》をしていました。常に馬とコミュニケーションを取っていると、合戦で窮地に陥った際、馬は主人を乗せて逃げてくれます。また、川に行く手をさえぎられても、泳げれば逃げることができます。鷹狩は足腰の鍛錬はもちろん、人を動かすことが合戦に通じる。つまり、すべて武将の鍛錬としてやっているわけです。ここがすごい。だけど……面白みのない人だなあ。

唯一の名采配

ここまで見てきたように、家康は他人の優れたアイディアは柔軟、かつ積極的に取り入れます。たとえば、織田信長が考案した野戦築城、信長と豊臣秀吉が創意工夫した兵站、武田氏の軍制などは徳川軍に採用されています。しかし実際の戦いで、家康自身が名将・

知将ぶりを示したことはほとんどありませんでした。そもそも、家康の戦いには、独創性や創意工夫が見られません。

そんな家康ですが、唯一、見事な采配を見せたのが、羽柴秀吉と対決した一五八四（天正一二）年の小牧・長久手の戦いです。小牧・長久手の戦いは第二部で述べたように、戦闘は家康の勝利、戦争は秀吉の勝利という結果でしたが、改めて見てみましょう。

織田・徳川軍一万七〇〇〇と羽柴軍約一〇万は共に野戦築城を行ない、防御を固めて対峙していました。膠着状態を打破するため、秀吉は二万の別動隊を組織すると、小牧城にいる家康の頭越しに三河を攻撃する動きを見せます。この別動隊はおとり部隊であり、餌です。

家康にすれば、別動隊に本拠地の三河を攻められると、補給線が断たれて長期滞陣ができなくなります。秀吉は家康がやむなく陣地から出るしかない状況をつくり、家康が出撃したところを捕捉して大会戦、つまり野戦に持ち込もうとしたのです。野戦になれば、圧倒的な兵力差がありますから、いくら野戦が得意な家康でも勝利を得ることは困難です。

秀吉の別動隊が動き出したことを察知した家康はすぐに小牧山を出ると、別動隊を攻撃、これを撃破しました。ここまでは、秀吉の読み通りです。しかし、秀吉の予測を超えていたのは、そのスピードです。家康は別動隊を殲滅するやいなや兵を戻すと、また小牧山に立て籠ったのです。秀吉は「しめしめ」と家康の捕捉に出撃したところ、餌に食いついたはずの家康本隊の影も形もない。家康は、それほど迅速に行動したのです。再び、両軍の対峙が始まりました。

おとり部隊を撃破した家康は局地戦といえども、勝利を得ました。しかも、昇竜《しょうりゅう》の勢いにある秀吉相手に。家康は、この勝利を最大限に活用していくのです。

新たな〝我慢〟

小牧・長久手の戦いはその後、両軍の睨《にら》み合いが続きました。天下統一事業を急ぐ羽柴秀吉は、合戦で家康を屈服させることは困難と判断、政治的に追い詰める方向に転換します。一五八四（天正一二）年一一月、秀吉と織田信雄は和睦しました。同盟を結んでいた信長の遺子を助けるという大義名分を失った家康は、兵を引くしかありません。

家康は、秀吉の要請で次男の於義丸を人質に送ったものの、臣下の礼を取ろうとしませんでした。局地戦とはいえ、小牧・長久手の戦いの戦闘で勝利していることが、ここで効《き》いてきます。さらに人質を求める秀吉に対し、徳川家中は、酒井忠次、本多忠勝らの強硬派と石川数正らの融和派に分裂しました。一五八五（天正一三）年一一月、数正が出奔する事件が起きます。家康の家臣の筆頭は東三河を本拠にする酒井忠次、数正は序列二位で西三河を本拠にしていました。

数正の出奔は、両派の対立が原因と考えられなくもないのですが、私は単に秀吉の誘いに乗っただけだと思います。当時の秀吉は、各大名家の有力家臣をしきりにヘッドハンティングしていました。たとえば、島津家の伊集院忠棟《いじゆういんただむね》、大友家の立花宗茂、丹羽家の長束正家、伊達家の片倉景綱《かたくらかげつな》などで、彼らに独立した大名になるようにすすめています（景綱は主家を変えず）。

これは、譜代の家臣を持たなかった秀吉が有能な人材を求めたこともあるでしょうが、有力な家臣は仕えている大名家の重要機密を握っていますから、彼らを高待遇で引き抜くことで大名家の機密データを取ろうとした意図もあったでしょう。三河武士でも、好条件を示されれば秀吉のもとに行くこともある。それだけのことです。

数正出奔の翌年一〇月、家康は大坂城に出向くと、秀吉に臣従します。前述のように、秀吉は家康に、妹の朝日姫と母の大政所を人質に差し出しています。通常、臣下になる者が人質を出しますが、メンツなどどこへやら、秀吉はこの逆を行なったわけです。秀吉のすごいのは、このようになりふりかまわず、あらゆる手を使って目的を遂げることです。これは、家康との性格・戦略の違いなどとすますべきではなく、別次元と言っていいでしょう。

謁見の前日、秀吉は家康を訪ねると手を握って頼んだという、次の逸話があります。秀吉は、信長の盟友だった家康を家来だった自分より格上だと持ち上げ、そのうえで「明日は貴殿を家来として扱うが、天下泰平のため、一肌脱いでほしい」と言いました。家康も心得たもので、翌日、諸大名が居並ぶ場で平伏すると「今後は私が戦働《いくさばたら》きをいたします。殿下が陣羽織をご着用される必要はございません」と申し述べ、秀吉が着用していた陣羽織を貰い受けたというのです。

この逸話は創作でしょうが、秀吉と家康の間に主従関係が設定されたことがよくわかりますし、何よりも二人の性格や関係性が示されていて、興味をそそります。いずれにせよ家康は、今川氏、織田氏と続いてきた臣従および忍従の日々から解放されたのも束《つか》の間《ま》、秀吉のもとで〝我慢〟を強《し》いられることになったのです。

ついに天下取りへ

一五八六（天正一四）年、家康は居城を一七年間過ごした浜松城から駿府《すんぷ》城（現・静岡市）に移しました。しかし一五九〇（天正一八）年の小田原征伐後、家康は豊臣秀吉の命により関東に転封されてしまいます。

これにより家康は、武蔵国、上野国、下野国（現・栃木県）の約半分、相模《さがみ》国（現・横《よこ》浜《はま》市の一部と川崎《かわさき》市を除く神奈川県ほぼ全域）、下総《しもうさ》国（現・千葉県北部、茨城県南西部）、上総《かずさ》国（現・千葉県中部）、伊豆国（現・静岡県伊豆半島）の七カ国を領し、石高は一三〇万石から二五〇万石に増えました。豊臣家（二二〇万石）をも凌ぐ、日本一の大大名となったのです。

家康は江戸城に入ると、徳川四天王をはじめとする家臣を支城に置いたり、直轄地の代官に抜擢したりして、難なく統治していきます。一五九二（天正二〇）年には朝鮮出兵が始まりますが、家康は渡海することなく、伏見《ふしみ》城（現・京都市）に滞在して、豊臣政権の中枢に身を置くようになります。前述の石高数も含めて、家康の存在感が否応なく増しました。さらに、前田利家、毛利輝元らと共に五大老にも就任しています。

一五九八（慶長三）年、秀吉が死去。ついに、家康に天下取りのチャンスがやってきました！　家康は禁じられている政略結婚を繰り返し、加藤清正や福島正則といった秀吉子飼いの大名を味方につけたりしていきます。これらの所業を家康の専横と受け止めた石田三成は、危機感を募らせます。そして、全国ほとんどの大名を巻き込む、天下分け目の戦いへと発展していきました。関ヶ原の戦いです。

関ヶ原の戦いは一六〇〇（慶長五）年、家康率いる東軍一〇万と、毛利輝元を総大将に三成を中心とした西軍八万の間で起きた合戦です（軍勢の数には異説あり）。戦いの詳細については触れません。私が本書で強調したいのは、天下人が行なった軍事革新ですので、その視点から述べていきます。関ヶ原の戦いについてお知りになりたい方は、戦場の地点に着目した拙著『壬申の乱と関ヶ原の戦い――なぜ同じ場所で戦われたのか』をご覧ください。

関ヶ原に向かう以前の緊迫した一件と言えば、小山評定《おやまひょうじょう》でしょう。小山評定とは、徳川軍が上杉景勝を討伐するために会津に向かう途中、本陣を置いた小山（現・栃木県小山市）において、三成挙兵の報が入り、家康が急遽《きゅうきょ》諸将を招集した軍議のことです。「このまま上杉を討つべきか、反転西上して三成を討つべきか」を質したのです。諸将の多くは豊臣恩顧の武将であり、しかも西軍が支配する大坂に妻子を残しています。いつ西軍についてもおかしくありません。家康にとって、彼らの去就こそ勝敗の境目でした。

小山評定について最近検討されているようですが、結局、家康は諸将と向き合う必要があった。その意味では、「どこでどのように」という要素はあまり重要ではありません。そうではなくて、秀吉子飼い筆頭格の福島正則が一番に家康のために戦うことを誓い、続いて山内一豊《やまうちかずとよ》らが兵糧米の供出を申し出た。そのことが大事なのです。その結果、家康率いる東軍は三成討伐のために西上することを決したのです。

関ヶ原の戦いに勝っても、「勝ち」にはならない!?

家康にとって、関ヶ原の戦いの展開は織り込み済みだったでしょう。西軍の総大将の毛利輝元が動かないことも、小早川秀秋が寝返ることも。そのうえで、勝敗の帰趨も確信していました。エビデンスを示します。

家康は、戦場に側室のお梶《かじ》の方《かた》を帯同していました。家康が武田氏と対峙していた一二年間における子づくりの少なさとは対照的です。また、豊臣秀吉が小田原征伐で淀殿を呼んだことに似ているかもしれません。必死の戦いなら、戦場に女性を連れてきません。家康は「この戦は勝てる」と確信していたとしか考えられないのです。

結局、西軍でまともに戦ったのは石田三成、宇喜多秀家、小西行長、大谷吉継《おおたによしつぐ》くらいで、六時間で決着がつきました。

関ヶ原の戦いは、家康にとって外交の勝利、政治の勝利であったわけで、軍事行動にそれほど見るべきものはありません。重要なのは戦いのあとです。なぜなら、関ヶ原の戦いで西軍（石田三成）を破っても、東軍（家康）の最終的勝利にはならないからです。家康の戦争目的は天下人になることであり、そのためには政敵（三成）を葬《ほうむ》り、玉《ぎょく》（豊臣秀頼）を手中に収める必要があります。

東軍が小山から西上したのは、最終的には大坂城に入るためです。西軍は、それを阻止するために、関ヶ原に防御ラインを敷きました。三成の目的は家康の首を取ることではなく、政権から排除することです。秀頼を握っていた三成の目論見は、天皇・朝廷を動かして政治的に勝利することであり、秀吉の小牧・長久手の戦いを模範にしていた、と私は考えています。

大坂城には、秀頼を擁した毛利輝元の本軍がいます。そこに関ヶ原の戦いの残党が加わって籠城する可能性は十分にありました。実際、立花宗茂は抗戦を主張しています。家康にすれば、秀頼を抱えた状態で籠城されると、それまで東軍についていた豊臣恩顧の大名たちの動向が読めなくなります。もしかすると、西軍に寝返るかもしれません。そのため、家康は本多忠勝と井伊直政を通じて、輝元の大坂城からの退去をうながしました。

家康は、輝元ら西軍が出たあとの大坂城に入城すると、秀頼の生殺与奪《せいさつよだつ》の権を握ります。ここに家康の政治目的は達成され、勝利が確定したのです。

軍事政権としての統治

関ヶ原の戦いのあと、家康は全国の諸大名に対して、転封を含む知行割《ちぎようわり》を行ないました。知行（知行地）とは、武士に支給された領地のことです。領地を与える・奪うことは、主従関係がなければできません。つまり、家康と諸大名の間に主従制的支配権が設定されたのです。家康は天下人になったわけです。

諸大名のなかには豊臣家も含まれており、豊臣家は二二〇万石から六五万石に減らされています。この処置は、家康が豊臣家に対して主従制的支配権を握ったことを証明するものです。教科書では、江戸幕府の成立を、家康が征夷大将軍の宣下を受けた一六〇三年に設定しています。しかし私は、諸大名への主従制的支配権が設定された一六〇〇年こそ江戸幕府の成立の年である、と主張しています。

江戸幕府は親藩《しんぱん》（徳川氏一門の大名）、譜代大名《ふだいだいみょう》（三河以来の家臣などで大名に取り立てられた者）、旗本、御家人を合わせると、二〇万人を超える兵力を動員できる絶大な軍事力を持っていました。幕府政治は軍事力を背景に執り行なわれましたから、まさに軍事政権です。この基本構造は、幕末まで変わりません。

家康は征夷大将軍就任の二年後となる一六〇五（慶長一〇）年、朝廷に秀忠への将軍宣下を行なわせ、将軍職を譲ります。二年後、家康は江戸城から駿府城に移ると、「大御所《おおごしょ》政治《せいじ》」を始めます。江戸（秀忠）と駿府（家康）の二元政治です。

家康は、儒学者の林羅山《はやしらざん》、僧侶の金地院崇伝《こんちいんすうでん》ら多彩なブレーンを集めて国家経営の知恵を出させ、それを江戸幕府に実行させました。この分断方式は幕府の合議制・集団指導制につながり、やがて老中制へと発展していきました。二元政治は、政権が成熟した秀忠の没後に解消していきます。

分断して統治せよ——。これはローマ帝国などで使われた手法で、支配者が被支配者たちの団結・結束を防いで統治を容易たらしめることを意味します。家康も、譜代大名と外《と》様大名《ざまだいみょう》（関ヶ原の戦い前後に徳川氏に臣従した大名）を分断して、大名を統制・管理しました。一言で言えば、「花《はな》と実《み》」を同一人物に与えませんでした。花は権力（ポスト）、実は経済力（領地）です。

実際、江戸幕府の多くのポストは譜代大名、旗本、御家人に占められ、外様大名はほとんどつくことができませんでした。いっぽう領地を見ると、外様大名では前田家、伊達家など多くの領地を持つ者もいましたが、譜代大名は最大でも三〇万石に満たない領地しか与えませんでした。さらに、外様大名の領国は中央政権、つまり江戸から離れた地方、特に西国に割り当てています。

のちに第三代将軍・家光の頃、参勤交代《さんきんこうたい》の制度が取り入れられました。大名たちに実（経済力）を使わせて、軍備に回す余裕をなくさせたのです。こうした施策によって江戸幕府は長期安定政権となり、二六〇年間という平和を築き上げていきました。

空白の一四年間

関ヶ原の戦いから一四年後となる一六一四（慶長一九）年から翌年にかけて、二度にわたり、大坂の陣（大坂の役）が起こります。家康と第二代将軍の秀忠を大将とした幕府軍二〇万と、豊臣秀頼を大将に戴く豊臣軍が激突したのです。これは、家康最後の合戦となりました。

まず、方広寺鐘銘事件を契機に、大坂冬の陣が開戦します。これは、家康が秀頼にすすめて再興した方広寺（現・京都市）の鐘《かね》に刻まれた銘文《めいぶん》「国家安康」「君臣豊楽」が「家康の名前を分断し、豊臣を君として楽しむ」の意味であると、徳川方からクレームをつけられた事件です。

この〝言いがかり〟からもわかるように、大坂の陣は幕府がしかけた戦争です。家康はどこかの段階で豊臣氏を滅ぼそうと決めていた、私はそう考えています。しかも、戦う前から勝利を確信していました。実際、家康は鎧《よろい》もつけずに大坂城を攻囲したと伝わっています。

参陣する大名たちは恩賞を計算します。秀頼の領地は六五万石あるとはいえ、関ヶ原の戦いのような天下分け目の戦いではなく、しかも徳川政権が固まりつつあるため、大きな加増は期待できそうにありません。命をかけて戦うのに恩賞は少ない。また、この戦いには大義がないと考えた大名もいるかもしれません。それでは、戦意は上がりません。

いっぽう、豊臣方では浪人が集結しました。その数、一〇万人。なかには真田信繁や長宗我部盛親《もりちか》のような武将もいましたが、多くは失業した武士たちで、しかも統一された指揮系統がなく、ばらばらに戦うだけでした。攻める側は士気が低く、守る側には指揮系統がない。これが、大坂の陣の実情です。

戦闘の詳細には触れませんが、軍事革新の視点から、大砲の使用について触れておきます。大坂冬の陣で大坂城を完全包囲した幕府軍は、イギリスから輸入したカルバリン砲や国産の大砲を昼夜問わず、撃ち続けました。その一弾が大坂城の居間を直撃、淀殿の侍女が亡くなります。これにショックを受けた淀殿は、和議を受け入れたと言われています。なお、カルバリン砲は一四キログラムの弾丸を六三〇〇メートル飛ばしたそうです。

序章でも述べたように、火縄銃の登場で合戦の様相は大きく変わりました。この頃には、「大筒《おおづつ》」と呼ばれた大砲まで使われるようになっていたのです。当時は炸裂弾《さくれつだん》ではありませんから、被害はそれほどでもなかったでしょうが、心理的効果は大きかったと思われます。日本の軍事は質・量共に、世界のトップクラスであったことは事実です。

講和条件として大坂城の二の丸・三の丸の破却と堀の埋め立てが決まりました。家康と秀忠は大坂から離れていきます。しかし、豊臣側が浪人たちを解雇せず、軍事強化をはかっているとして、ふたたび合戦が始まります。大坂夏の陣です。

しかし、堀を埋め立てられて裸城となった大坂城は、もはや豊臣秀吉が築いた難攻不落の城からはほど遠く、落城。秀頼と淀殿、側近らは自害して豊臣氏は滅亡しました。翌年、家康も亡くなっています。

私が解《げ》せないのは、関ヶ原の戦いから大坂冬の陣までの一四年間です。方広寺鐘銘事件からも明らかなように、家康が豊臣氏を滅ぼそうとしたことは間違いありません。であるならば、なぜ一四年間もかけた、あるいはかかったのでしょうか。

秀吉と比較すると、この長さが際立ちます。秀吉は一五八二年の本能寺の変から三年後に関白となり、五年後には九州を平定して豊臣姓を得ています。六年後には刀狩を実施し、八年後には小田原征伐で北条氏を降して全国の大名を従えました。対して家康は関ヶ原の戦い後に諸大名を従え、圧倒的な軍事力を有したにもかかわらず、豊臣氏を滅ぼすまで一四年間かかっています。これについて、私のなかで合理的な答えを導き出せていません。もちろん、豊臣の力が強大で攻撃できなかった、というようなことはまったく考えていませんが。

大坂夏の陣が終わり、秀吉が重視した統治、つまり政治の時代に入りました。

政治より軍事

家康は、統治（政治）をどのように捉えていたのでしょうか。江戸幕府が軍事政権であることは前述した通りですが、家康は政治を軍事の下位に置きました。経済も同様です。

このことは、家臣たちの待遇を見れば一目瞭然です。

家康の最側近であり参謀を務めたのが、本多正信です。正信は、家康から政治や軍事の最高機密や機微にわたる相談を受けていました。にもかかわらず、知行は二万二〇〇〇石しか与えられていません。また、若手官僚のなかでも経済に明るく、徳川家の財務を担当した松平正綱《まつだいらまさつな》は二万二〇〇〇石でした。ちなみに、正綱の甥で養子になったのが、「知恵《ちえ》伊豆《いず》」こと松平信綱《のぶつな》です。

対して、徳川四天王の本多忠勝はどうでしょう。忠勝は一三歳の初陣以来、生涯五〇回以上の戦働きをした武断派です。三方ヶ原の戦いで奮戦する忠勝を、武田軍は「家康に過ぎたるものが二つあり。唐《から》の頭《かしら》に本多平八《へいはち》」と称賛しました。「唐の頭」とは家康の兜につけられた中国産ヤクの毛、「平八」とは忠勝のことです。そんな忠勝に、家康は関東転封の際に一〇万石を与えています。

同じく、徳川四天王の井伊直政は、家康が浜松城にいた時に召し抱えられた、いわば新参者です。武勇を称えられた直政に、家康は関東転封の際に一二万石という譜代大名で最高の知行を与えています。関ヶ原の戦い後には一八万石に加増しています。

これらを見ると、明らかに文治派が冷遇されていることがわかります。そもそも前述のように、徳川四天王は武断派です。家臣団内での序列は石高で決まります。たとえば本多正信と本多忠勝では、序列は段違いに忠勝が上となります。これは家中での席次などにも反映されました。

豊臣秀吉は武断派よりも文治派を重用し、加藤清正のような軍事だけでなく行政能力にも長けた人材の登用を積極的に行ないました。家康とは正反対です。家康による武断派の重用、というより文治派への冷遇は、秀吉以前の時代に後戻《あともど》りした印象を受けます。

当時は政治のことを、「仕置き」と言っていました。仕置きがきちんとできるのに評価されないのはなぜでしょうか。これは譜代大名と外様大名の関係にも同じことが言えますが、「花はやっても実はやらない」、つまり経済力がある者には権力を持たせず、権力を持つ者には経済力を与えない、ということなのでしょう。

家康にとって、政治は軍事がベースでした。領主の義務として領地をきちんと守ることを求めますが、それは領地を経営するということではなく、敵から領地を防衛するためです。徳川家に攻めてくる敵を撃退することが至上命令なのです。実際、江戸、京都、大坂など幕府にとっての重要な都市の周辺には、譜代大名や外様大名でも信頼が置ける者を配置しました。家康が求めた人材は、政治家や行政官僚ではなく軍政家でした。

家康は、鎌倉幕府編纂の歴史書『吾妻鏡』を読んでいたと言われています。鎌倉幕府は「武士の武士による武士のための政権」です。家康も、これを意識していたことは間違いありません。

家康が考えていた政治は、暮らしを豊かにして民衆を幸せにすることが目的ではありません。もちろん、人々の暮らしはしっかり守りますが、それは徴兵・徴用のための手段であって、敵が来襲してきた時にきちんと戦えるために万全な統治を行なう。それが家康の政治なのです。

家康の幕府防衛構想

関ヶ原の戦いから大坂の陣の期間までを実例としながら、徳川家康の幕府防衛ラインの構想について見ていきます。基本となるのは、次の二点です。

①江戸を含む関東と中部地方は譜代大名で固める
②娘や嫡孫など近い血縁者を重んじる（彼女らの婚家にも甘い）

家康は信長や秀吉と異なり、当時は僻地《へきち》だった江戸で幕府を開きました。しかも関東地方と、自身が切り取った東海・甲信地方は譜代大名で固めています。このあたりに、家康の「江戸を防衛するぞ」という強固な意思が見て取れます。攻めより守り。これが家康政権の軍事思想なのです。朝鮮半島に出兵して大失敗した秀吉の方法への反省が込められているようにも思います。

まず、中部地方です。ここには最大の外様大名、加賀《かが》一〇〇万石の前田家がデンと座っています。ただ、前田家当主・利常《としつね》（先代藩主の利長の養子。ただし血筋的には弟）の妻は、千姫（徳川秀忠の長女）のすぐ下の妹・珠姫《たまひめ》であり、表面的には前田家は親戚扱いでした。しかも利長は、江戸幕府の警戒を解くために、早々に利常に当主の座を譲ると、自身は隠居しました。そして金沢城《かなざわ》（現・石川県金沢市）を出て、隣の越中国の富山に居を構えるという徹底ぶり。ここまで下手《したて》に出ているので、「前田はまぁ良しとしよう」というのが、幕府の意向でしょうね。

次に、関東と中部以外の外様大名エリアを見てみましょう。幕府の仮想敵は何といっても、西国の外様大名です。西国から来る敵が、現在の東海道新幹線ルートで進んできた場合、それを押さえるのは、彦根《ひこね》（現・滋賀県）の井伊家になります。鈴鹿関《すずかのせき》（現・三重県）を通る本来の東海道ルートで来た場合は、桑名《くわな》（現・三重県）の本多家、それから津《つ》（同）の藤堂家。これらをバックアップするのが、名古屋城《なごや》（現・愛知県名古屋市）を居城とする尾張徳川家ということになります。

井伊家と藤堂家は、「徳川の先陣は井伊、二番手は藤堂」と称されたほど、家康のお気に入りでした。石高を見てみると、井伊家は大坂の陣後に五万石を加増されて二〇万石、家康の死後も加増は続き、三〇万石＋五万石（五万石は預かり分）という大身《たいしん》となりました。これは譜代大名としては異例中の異例ですが、三二万石を領した藤堂家の津藩とバランスを取ったのかもしれません。

西国の敵には井伊家と藤堂家が立ち向かい、尾張徳川家がバックアップ。さらなる防御は駿府の家康自身。家康が没したら、駿府領は最愛の子・頼宣に任せる（家康没後、紀伊に国替え）――。これが家康および幕府の軍事シミュレーションだったのでしょう。

このように考えると、姫路が特殊な立ち位置になります。家康はここに、次女・督姫の婿である池田輝政《てるまさ》を置きました。しかも、池田一族で一〇〇万石という大きな領地を与えて。輝政は、一〇〇万石の威信を懸けて姫路城を築きました。つまり、江戸幕府の西国への橋頭堡、それが姫路城なのです。

それにしても、家康は娘婿に甘い。外様大名でも輝政は裏切らないと考えていたのでしょうか。ただし、家康が没すると、幕府は池田家を二つに分けて鳥取と岡山に置き、姫路には絶対的な信頼を置く本多を移しました。本多の領地は二五万石、その兵力に姫路城の堅い防御力を合わせれば、西国勢を防ぐことができると考えたのでしょう。

続いて、北国に目を転じます。ここには外様として伊達家、最上家、佐竹《さたけ》家、上杉家ら錚々《そうそう》たるメンバーです。彼らが南下してくる事態に備えなければなりません。この時、防御地点として重要になるのが会津と宇都宮《うつのみや》（現・栃木県）です。町の重要性は時代によって変わりますが、江戸の防衛を考えると、この二つの町がクローズアップされてきます。

まず会津です。若き日の伊達政宗は米沢《よねざわ》（現・山形県）に本拠を構えていましたが、奥州一の大名となるべく、軍事活動を展開します。その具体的な目標とは、会津盆地の奪取です。会津を取ること＝奥州に覇を唱えること。当時はそのように認識されていたのでしょう。かつて豊臣秀吉も、東北のもろもろを決定する（当時の言葉で「奥州仕置き」）ために会津まで足を延ばしています（逆に言えば、会津以北には行っていません）。

次いで宇都宮です。「奥州仕置き」の実施のために、秀吉が長く滞在したのが（と言っても二週間に満たないですが）宇都宮です。東北地方に向けての前線基地と捉えていたと考えられます。ですので、関ヶ原の戦いの際にも、東北勢（主に上杉家）の関東進出を防御するポイントとして、宇都宮が選ばれました。家康の次男・結城秀康が責任者となっています。

では、家康は関ヶ原の戦い後、会津と宇都宮に誰を置いたのか。

会津は蒲生秀行《ひでゆき》で、六〇万石です。もともとは秀行の父・氏郷が、秀吉から会津九二万石を与えられていました。軍事・政務に秀《ひい》でた氏郷は、奥州の抑えの任についていましたが、四〇歳で病没。あとには、一三歳の秀行が残されました。すると秀吉は、子供には奥州支配の要地は任せられないと、秀行を宇都宮一八万石に移しました。「人」ではなく

「家」を重視する江戸時代には見られない左遷人事です。

家康は、秀行に自身の三女・振姫《ふりひめ》を嫁がせていました。家康には娘が五人いますが、四女と五女は幼《おさな》くして亡くなっています。早くに譜代の奥平《おくだいら》家に嫁いだ長女・亀姫は別として、池田家に嫁いだ二女・督姫と振姫は大切だったのでしょう。それで、婿の秀行を会津に戻して六〇万石の大大名に仕立て直したのです。

宇都宮には亀姫が産んだ長男、家康にとっては外孫にあたる奥平家昌《いえまさ》が一〇万石で置かれました。家昌は、家康の孫のなかでは最年長で、家康の子である第二代将軍・秀忠よりも年長でした。家康は家昌に、のちに徳川宗家《とくがわそうけ》の通字となる「家」の字の名乗りを許すなど、期待していたようです。会津と連携して、奥州から関東への侵略を阻止せよ、ということでしょう。

家康の没後にも軽く触れておきます。会津には、のちに秀忠の隠し子・保科正之《ほしなまさゆき》が置かれました。これが、幕末に京都守護職を務め、戊辰《ぼしん》戦争で悲劇的な立場に追い込まれる会津松平家です。宇都宮は奥平の他にも、本多や戸田《とだ》などの譜代大名が統治しています。

おまけは、館林《たてばやし》（現・群馬県）です。上野国の邑楽《おうら》郡に置かれたのが館林藩ですが、この地の軍事的な価値が、私にはいま一つわかりません。交通の要衝でもなく、歴史が豊かでもなさそうですが、家康は関東転封の際、この地に徳川四天王の一人、榊原康政を一〇万石で封じました。それだけ特別だったということです。

当時は隣の下野国に、鎌倉時代からの名門・宇都宮《うつのみや》家一八万石がいたので、それを牽制する役割を与えられたのかもしれません。この推測が的外《まとはず》れでなければ、康政がほぼゼロから整備したこの町は、まずは「戦い」のためのものだったことになります。康政は関ヶ原の戦い後も、この地を動いていません。今度は会津、宇都宮のバックアップ、兵站地として意識されたのです。

最大の軍事革新

一六一五（慶長二〇）年、江戸幕府は一国一城令《いっこくいちじょうれい》を発布、大名の居城以外の城をすべて破却させました。領国の城が一つだけになったわけですが、これは面積が広い（石高が大きい）領地を持つ大名ほど打撃を受けます。なぜなら、城は単独よりも支城をめぐらすことで防御力は高まりますし、広大な領地を一つの城で守ることは困難だからです。

同年、武家諸法度《ぶけしょはっと》も制定されました。これは大名に対する根本法典で、大名が勝手に婚姻を結ぶことを禁じるなど一三カ条から成ります。のちには、前述の参勤交代の制度も盛り込まれました。

私は序章で、双方に「意志」「能力」「対抗力」がそろうと武力衝突が起こる、と述べました。江戸幕府（家康）は、大名からこの三つを奪ったのです。すでに秀吉による刀狩によって、農民は戦闘能力を奪われていますから、軍事力を持ち、それを動員できるのは大名しかいません。大名の軍事力をこれらの法令や、外様大名と譜代大名の分断統治などで無力化、あるいは低減させたわけです。幕府の圧倒的な軍事力の前に、彼らは抵抗する術《すべ》がありませんでした。

何度も述べてきたように、戦う前に相手を屈服させることが家康の軍事の特徴です。戦争の芽《め》を事前に摘《つ》んで戦争を起こさせないわけですから、まさに最大の軍事革新です。私は、家康の軍事は平凡で優れた発想には程遠い、と述べました。しかし、軍事（戦争）が政治の延長であるとするなら、味方の犠牲を極小にして、政治目的を達成する家康は優れた軍事指揮官であり、政治家と言えるのかもしれません。

前述のように、家康は「徳川家の安泰」を第一に考えて、政治（統治）を行ないました。しかし、それを追求することは戦争をなくすこと、すなわち「天下泰平」に通じます。これは織田信長、豊臣秀吉が行なってきた事業（天下統一）を土台にして成立しました。その意味で、天下統一の集大成と言うことができます。

大坂夏の陣が終わった一六一五年の七月、江戸幕府は朝廷を動かして元号を「慶長」から「元和《げんな》」に改めさせると、「元和偃武《げんなえんぶ》」の宣言をしました。「武器を倉庫にしまって鍵をかける」と広言したわけです。

日光東照宮《にっこうとうしょうぐう》（現・栃木県日光市）の家康の廟所《びょうしょ》には、無数の動物や鳥が彫り込まれています。そのなかで貘《ばく》は五〇頭を超えます。貘は夢を食べる動物として知られていますが、武器に使われる銅や鉄も食べるそうです。武器のない平和な世を望んだ家康の思いが託されているのかもしれません。

終章

なぜ天下を取れたのか

戦国最強の武将は誰か

「戦国時代、最強の武将は誰ですか？」

テレビ番組や講演でよく受ける質問です。歴史ファンの間では、立花宗茂などの名が挙がるようです。私も好きな武将の一人ですし、戦巧者《いくさこうしゃ》だと思います。

立花宗茂は第三部で触れたように、大友宗麟の家臣から豊臣秀吉に大名に取り立てられ、柳川《やながわ》（現・福岡県柳川市）に一三万二〇〇〇石を与えられました。数千人規模の戦いでは、日本一強いかもしれません。関ヶ原の戦いには西軍に味方し、改易されて領地を失いました。しかしその後、宗茂の実力を評価する徳川家康・秀忠によって大名に復帰し、最終的には旧領に復帰を果たしています（柳川藩初代藩主）。

冒頭の問いには当然、織田信長、豊臣秀吉、徳川家康も含まれています。だとすると、いくら宗茂の評価が高くても、地方《ローカル》の争いで戦った宗茂と、全国規模の天下取りの戦いを勝ち抜いてきた三人を比べるのは愚問です。

何よりも、兵の動員数が違います。三人は一〇万もの軍勢を率いていました。秀吉と家康は二〇万以上の兵を動かしています。他に一〇万の兵を動かした例は、一五六一（永禄四）年の長尾景虎（のちの上杉謙信）による北条氏攻めの一〇万人の動員があるくらいです。大規模な戦闘には、それに見合った戦略・戦術があり、小規模な戦いと比べても意味がありません。

軍勢を動かす基本は、指揮系統を壊さないことです。ましてや、大軍勢の場合、指揮系統に乱れが生じれば、将兵は逃散してしまいます。彼らを束《たば》ねて、一〇万、二〇万の軍勢を動かすのは相当な力量が求められます。たとえば、秀吉は中国大返しでそれをやってのけました。しかも、超人的なスピードで。

なお、宗教は、寄せ集めの軍勢をまとめ上げるのに大きな力を持ちます。共通の信仰を持つことで、結束力が生まれるからです。一向一揆やキリスト教の十字軍が好例です。

軍事力＝兵士の数であり、それを動かす強制力、すなわち権力の発動が必要です。また、兵力を育成・保持する経済力も求められます。領地を広げていくなかで、それらを蓄え、組織も整備していった。それを意識して行なったのが信長、秀吉、家康です。彼らの大兵力の前に、敵対勢力は蹴散らされ、臣従を強《し》いられたのです。

このように、敵を圧倒する大軍勢は政治力・経済力を含めた軍事力の象徴であり、天下を取るための絶対条件です。その意味でも、三人の天下人は武田信玄、上杉謙信、ましてや立花宗茂らとは異次元の存在なのです。結局、最強の武将とは天下人になった信長、秀吉、家康にならざるを得ない。私はそう考えます。

信長なくして、戦国時代は終わらなかった

織田信長、豊臣秀吉、徳川家康は、明らかに「天下人になる」意志を持っていました。もちろん、そのことを意識した時期の違いはありますが、そこが他の戦国大名と明らかに違います。

信長の出現まで、「日本を統一しよう」と本気で考える大名は存在せず、武田信玄にしても上杉謙信にしても、一地方の覇者以上のことは考えていなかったと思います。彼らが領土が増えても本拠地を動かさなかったことが、何よりもその証《あかし》です。

戦国大名とは、自分の国を守るための存在でした。優れた領主（大名）は、家臣、領民の安全・安心、そして利益を第一に領国経営を行ないました。領主が国をしっかり守ってくれるという安心感は、家臣や領民の間に仲間意識を醸成し、そこから自国ファースト・

領民ファーストの考え方が生まれます。他国への侵攻・侵略も、この延長上にあります。

つまり、自身を含む一族、家臣、領民の権利を守るために存在する権力が、戦国大名なのです。信玄や謙信がローカルの域を超えて、思考をめぐらせたり発想が飛ばせなかったりしたのは、ここに原因があります。

対して信長は、ポルトガルの宣教師に地球儀を見せられて、地球は丸く日本が四方を海に囲まれた島国であることを理解し、「日本列島」を支配の対象にしました。日本全体を意識して、それを統一しようとした。この発想自体に、私は天才性を感じるのです。「日本は海に囲まれているから権力は一つでいい」と考えたのかもしれません。

信長は美濃攻めの頃から、「天下布武」のビジョンを掲げて、天下統一事業を開始しました。その動きは素早く、翌年には上洛を果たしています。やがて京都を中心に大版図を築きますが、道半ばで明智光秀に討たれました。その後、天下統一事業は忠臣の秀吉が引き継ぎ、同盟者の家康が完成させました。

信長は、新しい日本をつくるために旧来の価値観を破壊し、社会を更地《さらち》化しました。秀吉は、その更地の上に新しい日本を建設し、家康は、その永久化をはかりました。このように、信長が始めた天下統一事業は、はからずも時系列のなかで連続性と継続性をもって進化していきました。信長なくして戦国時代は終わらず、天下泰平の世は到来しなかったでしょう。

天下人になるための三条件

では、どうすれば天下人になれるのでしょうか。

「天下人になる」意思を持ったとして、それを実現するには、敵を圧倒する軍事力を備えて統一事業に対する妨害を排除しなければなりません。統一後も、抵抗勢力を抑えて政権を維持していくには、強大な軍事力が必要です。やはり「数は力なり」なのです。

織田信長は全国を視野に入れて、関東、北陸、中国、四国など各方面軍を編成しました。豊臣秀吉は、二〇万もの大軍を迅速に動かす方法を編み出しています。徳川家康は、武田氏の遺臣などを登用して、自軍の質・量共に強化しました。単に、隣国に侵攻して領地を増やしたり、自国を富ましたりするだけなら、これらの軍事革新は不要です。逆に言えば、圧倒的な軍事力を備えなければ、天下人にはなれないのです。

経済力も、天下人の必須条件です。圧倒的軍事力を形成・保持するには、大きな経済力がなければ不可能なことは明らかです。その点、信長は経済戦略を志向できた数少ない大名でした。

信長は楽市・楽座によって商工業を振興し、また貨幣を統一して流通を盛んにして税収を増やしました。財政は豊かになり、軍事力を支える基盤が出来上がりました。長篠の戦いにおける鉄砲の大量使用が好例ですが、大量の鉄砲と弾薬を買える資金があったからこそ、敵を圧倒できたのです。敵の武田氏にはそれだけの資金がなく、たとえ資金があったとしても、流通経路を信長に押さえられていたために、入手は困難でした。

秀吉と家康は金山・銀山を直轄化するなどして、やはり絶大な軍事力を支える財政基盤を築いていきます。家康はさらに、関東転封後に未開地の開墾などで国力を増強しました。

つまり、天下人への道は「意志」「軍事力」「経済力」があって、はじめて用意されるのです。それを後押しするのが、政治力です。信長は、足利将軍や天皇・朝廷を利用していきます。秀吉は関白に就任することで権威を備え、統治に活用しましたが、これも天皇・朝廷への政治力がなければできません。家康も、天皇・朝廷を都合よく使いました。

ただ、天下人となったあと、軍事力と政治力、法律だけで支配すると、政権は緊張感に包まれ、不安定化をもたらします。そこには、経済と文化が必要です。

大名も民衆も〝食うのがやっと〟では、不満の矛先《ほこさき》は政権に向かいます。また、文化がなければ社会は荒々しくなりますし、価値観を共有できません。

信長は、茶やそれにかかわる産品を奨励して、華麗な安土文化をつくり出しました。家臣に褒美として茶器を与えるなど、価値の創造も行なっています。秀吉はこれを引き継ぐと、広げていきました。住宅、庭園、書画、衣料、食べ物など、生活全般にわたって産品・産物が新しく開発されました。豪壮な桃山文化が花開いたのです。

信長と秀吉によって天下統一事業が進められていたこの時代、内需が高まり、経済は空前の高度成長を遂げています。

家康に至っては関東転封により、新たな都市・江戸をつくっています。家康の死後、それまで上方《かみがた》（京都、大阪、およびその周辺）中心だった文化・学問は、江戸で新たな風を吹き込まれ、一〇〇万都市で大いに栄えました。

鉄砲が変えたこと

天下人三人が活躍したのは一六世紀後半から一七世紀はじめですが、この間、軍事はどのように変化したのでしょうか。

大きく変わったのが武器です。なかでも、鉄砲（火縄銃）の登場は画期となりました。そのことを象徴するのが、長篠の戦いにおける織田信長による鉄砲の大量使用です。第一部でも述べたように、当時の戦国大名は鉄砲について知ってはいましたし、保有もしていましたが、戦いの帰趨を決めてしまうとまでは考えていませんでした。それが、ここまで鮮やかに軍事的な効果を見せつけられたわけですから、ショックは大きかったでしょう。

鉄砲の大量購入は資金が潤沢《じゅんたく》でないと不可能です。信長は、合戦を経済戦争に変えてしまったわけです。また信長は、それまで低く見られていた足軽たちで鉄砲隊を編成し、長篠の戦いでは戦闘の主力に据えました。これは武士のメンツや誇りを傷つけることですから、他の戦国大名にはとうてい生まれない発想です。

鉄砲が使用されるまで、戦場は、武芸を鍛錬したプロフェッショナルの軍人たちが斬り結ぶ場でした。弓矢は、自分に危険がおよぶことのない距離から敵を射殺することができますが、技術の習得が必要です。しかし鉄砲は、それらの鍛錬・訓練が不要となり、アマチュアでも扱うことができます。しかも射程距離は弓矢よりも長いため、遠い距離から撃つことができます。さらに一発で仕留めることも可能です。戦う者にとって、精神的にも肉体的にもハードルが大きく下がったことは間違いないでしょう。

鉄砲によって、これまでより短時間で多数の敵を殺すことが容易になりました。この大量殺戮は、人々の意識を大きく変化させます。大勢の人の死が常態化すれば、「もういい加減、人が死ぬのを見たくない。うんざりだ」と思うようになり、「これまでとは桁違《けたちが》いの犠牲が出るなら、戦わないほうがいいのではないか」と考えるようになります。つまり、平和を希求するようになったのです。

鉄砲は戦闘形態を変えただけでなく、人々の意識をも変えてしまいました。この両面が戦乱の世を終わらせた。私はそのように考えています。

武器の変化にともない、戦術も城も変化を余儀なくされました。戦術は鉄砲使用が前提となりました。たとえば、信長は鉄砲の威力を最大限に活かすために、野戦築城を考案します。その後、野戦において臨時の築城は常識となりました。

城は、鉄砲の射程距離を考慮して堀が広くなり、町ごと囲む大規模なものに変わりました。代表的なのが、豊臣秀吉が築城した大坂城です。第三部で触れたように、徳川軍は大坂冬の陣では落とすことができず、堀を埋め立てて、ようやく落城させました。

この時、徳川家康が大砲を使用し、城内にリーチしたことは既述の通りです。もし、その後も戦国時代が続いていたら、大砲を使用した戦闘経験が日本人に蓄積されたでしょうが、島原《しまばら》の乱（一六三七～一六三八年）以外、幕末までありませんでした。

統治の成熟

織田政権は、信長のカリスマ性によって支えられていました。統治権力は、信長個人によって担保されていたため、信長が死去すると統治秩序は崩壊し、アナーキーな無秩序状態に陥りました。本能寺の変後、徳川家康は伊賀・甲賀忍者の協力を得ながら、命からがら逃げ帰っていますし、同行していた穴山信君に至っては横死しています。権力者の死で、治安が崩壊したわけです。

豊臣秀吉もカリスマとして強権をふるいましたが、秀吉が亡くなっても無秩序な状態にはなりませんでした。その統治機構は組織として未成熟な部分もありましたが、世の中を平和に治めていたからです。刀狩によって農民から武器を奪い、兵農分離を進めていたことも大きいでしょう。

ただ、秀吉は政権の継承、すなわち後継者問題に失敗しました。最高権力者である秀吉が死去した時、次代の秀頼は六歳。成人するまで五奉行と五大老で後見することになっていましたが、権力の最終的意思がどこにあるかが不明瞭ですし、不安定です。その状態なら、最大の軍事力・政治力を持つ家康に重心が移るのは当然であり、少なくとも家康の意向は無視できません。

そもそも、家康は秀吉の存命中から、豊臣政権で一目置かれるポジションにありました。秀吉は諸大名の内政にしばしば口を出しただけでなく、大名の家臣に直接指示することもありました。前述のように、大名の家臣を引き抜いて大名に取り立てたこともあります。さらには、大名の領地にある政治・経済上重要な場所を、豊臣政権の直轄地として召し上げたこともあります。これらの時に頼りにされたのが、家康だったのです。やがて声望も、家康に集まり始めますが、秀吉の死後は専横が目立つようになり、石田三成らと関ヶ原の戦いで激突したことは、第三部で触れた通りです。

では、家康の場合はどうだったでしょうか。後継者選びに失敗したり、家康の死後に無秩序状態に陥ったりしたでしょうか。結論を申し上げれば、家康はスムーズに秀忠に権力を譲渡し、死後もまったく混乱は起きませんでした。

家康は軍事力と経済力、さらには法律で、徳川家に対する抵抗力を諸大名から徹底的に奪い、第二の明智光秀の出現を封じ込みました。そのうえで、朝廷に秀忠の将軍宣下を行なわせ、将軍は徳川家が世襲していくことを天下に示したのです。

このように、信長→秀吉→家康と時を経ていくなかで治安は安定し、政治（統治）は成熟していきました。天下統一事業は、やはり三人によって完成・完結したことを改めて感じます。

上に立つ者は馬鹿でもいい

徳川家康は、徳川家の安泰、政権（江戸幕府）の安定、そして天下泰平のため、将軍の継承基準を明確に示しました。すなわち長子相続です。次の逸話には異説もありますが、このことをよく説明できるので、あえて取り上げます。

第三代将軍・家光（幼名は家康と同じ竹千代）は幼少時には病弱で、周囲から愚鈍《ぐどん》と見られていました。父である第二代将軍・秀忠は、妻の江が二歳下の弟・国松《くにまつ》（のちの松平忠《ただ》長《なが》）を溺愛していたこともあり、後継者にしようとします。

やがて、家臣も国松のもとに集まるようになりました。なお、江は第一部で触れたように、浅井長政とお市の方の三女です。江による国松への溺愛には、家光が乳母・春日局《かすがのつぼね》に養育されたのに対し、国松は江自身が育てたことにあるかもしれません。

このような状況を憂慮した春日局は、駿府の家康のもとに赴くと家光を将軍にしてもらうよう直訴しました。その後、家康は江戸へ出向くと、長幼の序を明確にして、家光の将軍就任を促したと言われています。

秀忠には、「上に立つ者は優秀でなければならない」との固定観念があったのでしょう。戦国の世、無能なトップを戴いたため、没落あるいは滅亡した大名家を数多く見てきたからです。

いっぽう家康は、上に立つ者にカリスマ性や能力を求めていません。家康は「戦国の世は終わり、トップが優秀でなくてもいい時代になった。むしろ、能力を基準に後継者を選ぶと家督争いが起きて、お家騒動になりかねない」ことを危惧《きぐ》しました。実際、室町幕府では長子相続が確立していなかったため、兄弟間で家督争いが起きています。

家康は、「たとえ将軍が馬鹿だったとしても、優秀な家臣（幕閣）たちが補佐すれば、政権（幕府）は揺らがない」と考えていたと思います。

実は、家康は秀忠を後継に選ぶ際、秀忠にするか、四男の忠吉（松平忠吉）にするか苦悩したと言われています。忠吉は才気煥発で勇気もあり、合戦では常に先頭に立ち武功を挙げていました。家臣たちからの人望も厚かったそうです。「ただ、秀忠を飛び越して後継者にすると、あとあと禍根を残すかもしれない。家臣の意見をよく聞いて合議制で仕事を進める秀忠にしよう」。家康はこう思い直したようです。

将軍の座を長幼の順で決めることは周囲にもわかりやすく、問題が起きる可能性は低くなります。何よりも、安寧秩序《あんねいちつじょ》が保たれます。世襲制度は下剋上の芽を潰すものであり、しかも相続を長子に固定したことで、戦国時代は完全に終わりを告げました。

圧倒的な軍事力による平和

徳川家康は、織田信長、豊臣秀吉から引き継いだ天下統一事業を、幕藩体制をつくることで完成させます。幕藩体制を一言で言えば、日本に大小さまざまな独立自治体（藩）をつくり、全体の統制を政府（江戸幕府）が行なうシステムです。

幕藩体制では、各藩に強い権限が与えられていました。秀吉を反面教師にした、各藩の内政には介入しない仕組みです。開府当初はまだ戦国時代の空気が漂い、いつまた戦乱の世に戻るか、不安定な状況でした。そのため、各藩の権利を認めるいっぽう、大名を厳しく統制するなど、飴《あめ》と鞭《むち》を使い分けたのです。

江戸時代二六〇年は、江戸幕府の圧倒的な軍事力によって保たれた平和でした。これは国内に限らず、国外（対外勢力）にもあてはまります。当時の日本は、鉄砲の保有数からもわかるように、大きな戦力を保有していました。

いっぽう、ヨーロッパ諸国は大航海時代（一五世紀はじめ〜一七世紀はじめ）を経て、世界各地に植民地を広げていきました。アジアも例外ではなく、日本もそうなる可能性は十分にありました。彼らが日本に手を出せなかったのは、また、のちの日本の鎖国を受け入れたのは、日本が強大な軍事力を有していたからです。このことは、戦争／平和の本質を考えるうえで重要な示唆をもたらしてくれます。

家康は、周《しゅう》（紀元前一一世紀頃〜紀元前二五六年）の文王《ぶんおう》を尊敬していたと言われています。文王は周王朝の基礎をつくった君主であり、徳《とく》をもって国を治めたことで聖天子《せいてんし》（聖帝）と称えられました。家康は、何事も武力を行使することによって解決する覇者から、文王のように徳によって政治を行なう王者を理想としたのでしょう。

こうして軍事上位から政治上位に、覇者（軍政）から王者（文治）へと変わり、世界でも稀な平安の時代が訪れました。信長、秀吉、家康の軍事革新によって天下統一事業は完成されたわけですが、彼らの軍事革新がなければ戦国時代は長引いていたでしょう。三人の歴史的役割、それは軍事によって平和をつくり上げることだったのです。

編集協力　戸井 薫
本文デザイン　盛川和洋
本文ＤＴＰ　キャップス
写真（「御馬印」）　国立国会図書館デジタルコレクション

★読者のみなさまにお願い

この本をお読みになって、どんな感想をお持ちでしょうか。祥伝社のホームページから書評をお送りいただけたら、ありがたく存じます。今後の企画の参考にさせていただきます。また、次ページの原稿用紙を切り取り、左記まで郵送していただいても結構です。

お寄せいただいた書評は、ご了解のうえ新聞・雑誌などを通じて紹介させていただくこともあります。採用の場合は、特製図書カードを差しあげます。

なお、ご記入いただいたお名前、ご住所、ご連絡先等は、書評紹介の事前了解、謝礼のお届け以外の目的で利用することはありません。また、それらの情報を6カ月を越えて保管することもありません。

〒101-8701（お手紙は郵便番号だけで届きます）
祥伝社　新書編集部
電話03（3265）2310
祥伝社ブックレビュー　www.shodensha.co.jp/bookreview

★本書の購買動機（媒体名、あるいは○をつけてください）

＿＿＿＿新聞の広告を見て	＿＿＿＿誌の広告を見て	＿＿＿＿の書評を見て	＿＿＿＿の Web を見て	書店で見かけて	知人のすすめで

きりとり線

★100字書評……天下人の軍事革新

名前

住所

年齢

職業

本郷和人　ほんごう・かずと

東京大学史料編纂所教授、博士(文学)。1960年、東京都生まれ。1983年、東京大学文学部卒業。1988年、同大学院人文科学研究科博士課程単位取得退学。同年、東京大学史料編纂所に入所、『大日本史料』第5編の編纂にあたる。東京大学大学院情報学環准教授を経て、現職。専門は中世政治史。著書に『中世朝廷訴訟の研究』『壬申の乱と関ヶ原の戦い』『乱と変の日本史』『徳川家康という人』『最期の日本史』などがある。

天下人《てんかびと》の軍事革新《ぐんじかくしん》

本郷和人《ほんごうかずと》

2023年4月10日　初版第1刷発行

発行者……………辻 浩明
発行所……………祥伝社《しょうでんしゃ》
〒101-8701　東京都千代田区神田神保町3-3
電話　03(3265)2081(販売部)
電話　03(3265)2310(編集部)
電話　03(3265)3622(業務部)
ホームページ　www.shodensha.co.jp

装丁者……………盛川和洋
印刷所……………萩原印刷
製本所……………ナショナル製本

Printed in Japan　ISBN978-4-396-11674-3　C0221